LE TOUR DU
QUÉBEC
EN 80 SITES

LE TOUR DU
QUÉBEC
EN 80 SITES

Publié par l'Association canadienne des automobilistes,
en collaboration avec Sélection du Reader's Digest (Canada) Ltée

LE TOUR DU QUÉBEC EN 80 SITES

est une réalisation de
Sélection du Reader's Digest

Rédacteur en chef : Georges Vigny
Directeur artistique : Val Mitrofanow

Ont collaboré à cet ouvrage :

Photographes invités : Mia et Klaus
Rédacteur invité : Jacques Coulon
Indexiste : Gilbert Grand

Sous la supervision de l'équipe
de Sélection du Reader's Digest :

Graphisme : Andrée Payette
Préparation et correction : Claude Brabant, Joseph Marchetti
Recherche photographique : Michelle Turbide
Coordination : Susan Wong
Fabrication : Holger Lorenzen

Notre voyage aurait pu commencer comme un conte de fées : « Il était une fois, loin, très loin, par-delà l'océan, un pays merveilleux, immense, immense, dont un bout commençait là où sont les glaces éternelles et dont l'autre bout finissait au sud, dans les verts pâturages ponctués de lacs cristallins et baignés par le plus beau fleuve du monde... »

Ça aurait pu commencer comme ça l'a déjà été naguère : par quelques arpents de neige.

Ça aurait pu commencer aussi avec l'anecdote de l'orignal aux bois énormes, mais énormes, courant comme une flèche à travers les arbres sans jamais se

Une grande fête visuelle

coincer entre les troncs d'une forêt dense, si dense que
même le soleil la traverse difficilement !

Notre voyage à nous commencera comme une fête,
une grande fête, celle des ciels et de la terre, des eaux
et des forêts, de la nature en liberté et des contrastes.
En un mot, notre voyage à nous sera de bout en bout
une grande fête visuelle.

La fascination de l'hiver total, l'explosion du
printemps percutant, la frénésie de l'été fulgurant,
la splendeur des ors fous de l'automne. Ce sera
d'abord et avant tout un voyage selon le prisme
changeant des saisons.

Et la tendresse dans tout ça ? Elle est loin d'être oubliée ! Elle est présente dans chaque image, dans chaque site, partout où l'homme et la nature ont tissé patiemment une histoire d'harmonie, partout où la saga des pionniers continue encore. Cette tendresse-là est en fait la trame première de notre voyage. Un type de tendresse qui, sans doute, est en filigrane dans notre tissu génétique.

Comme l'autre voyage en 80 jours autour du monde, c'est un voyage en 80 sites autour et au cœur de notre monde à nous, par des sites connus, méconnus, inconnus. Des sites permanents et des sites

fugaces, saisis dans un contexte géographique à cet
instant précis où tous les éléments convergeaient
pour en faire une vision symbolique. Dans un monde
de symboles, nous n'en avons pas créé d'autres,
nous les avons saisis pratiquement au vol, pour les
représenter ici, dans tout ce qu'ils ont d'unique,
comme un message de tendresse glissé dans les pages
d'un livre de chevet.

    Que la fête commence. Voici que se lève le rideau
sur les quatre saisons dans la vie du Québec.

LA RÉDACTION

AU LECTEUR

En guise de table des matières, nous avons imaginé cette carte stylisée visualisant le sujet traité dans son contexte géographique. Les régions, au nombre de quatorze, ne correspondent pas nécessairement à un découpage administratif: elles sont déterminées en fonction des types de paysages, ou encore par la complémentarité géographique.

Chaque région représentée sur cette carte générale stylisée est reproduite dans les pages qui lui sont consacrées. Un carré de couleur vous situera systématiquement dans les pages qui suivent, site par site, dans chaque contexte régional. Vous partirez pour votre tour du Québec d'est en ouest et du nord au sud, décrivant une ample spirale. Bonne route!

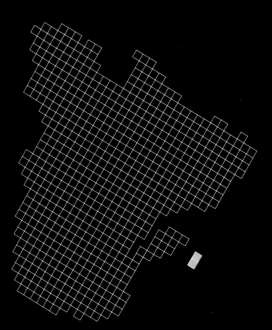

C'est avec saisissement qu'on découvre les îles de la Madeleine, là-bas, au bout du bout du monde, dans le golfe du Saint-Laurent, à quelque 290 km à l'est de Gaspé, reliées par un vol régulier au continent. Une dizaine d'îles verdoyantes au relief ondulé, rattachées entre elles par d'étroites bandes sablonneuses où les routes elles-mêmes doivent se frayer un chemin.

Le paysage surprend le vacancier par la diversité des coloris. Le contraste est frappant entre les falaises de roc rougeâtre et les longues dunes de sable rose, les collines partiellement boisées et la mer d'un vert sombre. Piqués ici et là dans le paysage, des maisons grises ou peintes de couleurs claires, de petites fermes éparpillées au milieu des champs et des jardinets enclos de palissades basses. Ce sont en fait les dénivellations du terrain qui ont dicté cette disposition afin que chacun soit abrité du vent tout en ayant vue sur la mer. Dans ce pays de marins et de pêcheurs, tous vivent de la mer. Et sur ce monde où l'océan et le vent du large ont sculpté de majestueuses arches, planent d'étranges silhouettes aux teintes rougeâtres.

Iles-de-la-Madeleine

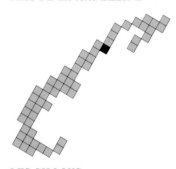

LES SILLONS

Un monde de sable et de pierre.
Les flancs des rochers portent la
marque des griffes de la mer.
(Ci-dessus)

Forteresses dont se jouent
vents et pluies, les remodelant
au gré de leur féroce fantaisie.
En bas, une frange de sable
doré. *(A droite)*

Au centre de l'île du Havre-aux-Maisons, le sol doucement ondulé
est constitué de petites buttes de 100 m à peine, alternant avec des
vallons qui s'élargissent en approchant des lagunes et des baies. Ces
buttes, que les gens de l'île qualifient avec raison de « pelées »,
font de médiocres pâturages et sont piquées de boqueteaux
d'épinettes chétives que les vents incessants empêchent de croître.
Du sommet de ces faibles élévations, la vue porte loin vers la dune
du Sud qui se déploie à l'horizon en décrivant un ample arc
de cercle. Plus près, entre le pied des buttes Pelées et la plage de
sable, des maisons éparpillées un peu au hasard : on appelle cet
endroit Les Sillons.

Par suite de l'action des vents et des matériaux de toutes sortes
charriés par l'océan à marée haute, la plage s'avance et gagne
lentement sur la mer. Cette progression prend la forme de crêtes
longues mais très basses, séparées les unes des autres par des creux
ayant l'apparence de sillons. On dirait que l'étendue de sable blanc
rosé a été labourée ou qu'un gigantesque râteau y a passé. Des
sillons semblables apparaissent au flanc de petites dunes et sur le
pourtour des lagunes. Crêtes et sillons sont fréquemment en
mouvement, déplacés et remodelés par le vent et la pluie.

Sur ce terrain fragile et humide, certaines plantes se sont
difficilement acclimatées : ce sont les ammophiles, que les
insulaires appellent aussi le « foin de mer » ou « de dunes ». Ces
herbes vivaces résistent bien au gel et aux tempêtes. On ne les
rencontre pas seulement aux Iles-de-la-Madeleine, mais aussi sur
les battures et les plages de nombreux endroits de la vallée du
Saint-Laurent. Aux Iles, toutefois, leurs racines profondes et fortes
aident à fixer le sable du rivage et rendent les dunes plus
résistantes aux coups de vent.

Les labourages de la mer

ÎLES-DE-LA-MADELEINE

HAVRE-AUX-MAISONS

Sans arbres, au relief sans
arêtes, une île insolite de
2 000 âmes. *(A droite)*

Havre-aux-Maisons, c'est un village et une île tout à la fois, ou plus exactement une presqu'île comme le sont d'ailleurs les principales localités de cet archipel insolite perdu au beau milieu du golfe du Saint-Laurent, à quelque 270 km de Gaspé. Jacques Cartier y fit escale vers la fin du mois de juin 1534, il y a maintenant 450 ans. Il planta probablement une croix dans une île qu'il baptisa Brion, en hommage au seigneur de Brion, amiral de France qui voyait d'un bon œil ses projets de découverte lointaine.

L'île du Havre-aux-Maisons, qui compte plus de 2 000 habitants, est reliée à celle du Cap-aux-Meules par une étroite chaussée naturelle, sablonneuse, bordée de joncs et de seigle de mer, où passe la route. Vers le nord-est, elle se prolonge par une longue et étroite bande de sable — un « cordon de sable », comme on dit aux Iles —, la dune du Sud, où l'on trouve de belles plages et quantité de varech et de foin de mer que les insulaires récoltent à l'automne. Ces cordons de sable ont fini par emprisonner entre leurs bras des lagunes que les dépôts sédimentaires comblent progressivement. Les lagunes les plus profondes, comme celles du Havre-aux-Maisons et de la Grande-Entrée, communiquent avec la mer par des passes ou « goulets » et servent encore, à l'occasion, d'abri pour les bateaux de pêche.

Balayée par les vents d'ouest, sans arbres et presque sans relief, l'île du Havre-aux-Maisons n'est pas l'endroit le plus riche ni le plus fertile des Iles-de-la-Madeleine, mais sa côte, en particulier à l'extrémité de la dune du Sud, est très pittoresque, toute frangée d'échancrures et de petits caps taillés par la mer dans le grès rouge et friable. Près des petites falaises de la butte Ronde existent de curieuses formations de gypse aux coloris exceptionnels. C'est aussi dans cette île que l'Hydro-Québec a installé ses lignes électriques expérimentales reliées à une éolienne.

Ile de grès rouge insolite

ÎLES-DE-LA-MADELEINE

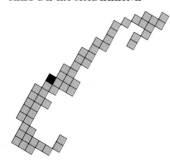

LES CAPS

Les gens de la côte disent « pointe hérissée ». Un univers de grès rouge que la mer imprègne et désagrège. *(Ci-dessus)*

Battues par les vents, des roches qui cèdent à l'eau, des formes étranges qui demain changeront. *(A droite)*

Dans cet univers de dunes, de vent et de marées, la mer a non seulement imprégné le mode d'existence des insulaires mais aussi leur langage. Les îles, les caps, les baies, les lagunes et les anses forment le paysage quotidien, et les noms de lieux de l'archipel reflètent cette singularité : île au Loup, cap Noir, cap Piailleur, dune de l'Est, cap aux Renards... Plages, falaises et caps constituent l'ensemble du littoral des îles de la Madeleine, qui s'étend sur environ 400 km.

Cette partie dite Les Caps se trouve sur le versant ouest de l'île du Cap-aux-Meules, donc dans la partie médiane de l'archipel. La côte est ici exposée aux vents puissants du nord et de l'ouest de même qu'à de très fortes houles. Les falaises basses de roches tendres, de grès rouges et jaunâtres surtout, cèdent facilement à la pression lente et tenace des eaux qui y sculptent des formes étranges, de fragiles colonnades et des caps troués d'arches pittoresques. Les plages aux alentours de Fatima sont bordées d'échancrures et de saillies, de petites grottes, de marmites et d'encorbellements. Aidé par l'action du gel et de la pluie, le martèlement des vagues ne cesse de mettre à nu les différentes couches de roche et de miner la base des falaises.

La mini-région dite Les Caps est un hameau de quelques maisons éparpillées le long de la route qui va d'Etang-du-Nord à Fatima. Site insolite, c'est d'ici qu'on découvre de splendides panoramas. Certaines falaises de grès se sont effondrées; d'autres se désintègrent lentement en blocs de sable et de galets. Le Gros Cap, que les gens de la côte appellent aussi la « pointe hérissée », est une haute saillie s'avançant assez loin dans la mer et sur laquelle on a installé une balise automatique. Le Gros Cap, en particulier, fait la joie des amateurs de points de vue exceptionnels.

Gravé au burin de la mer

ÎLES-DE-LA-MADELEINE

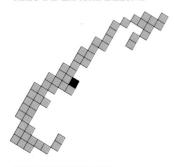

CAP-AUX-MEULES

Encadré de buttes —
« demoiselles » en langage du
pays —, le centre administratif
et commercial de l'archipel :
Cap-aux-Meules. *(Ci-dessus)*

Une vie au rythme de la mer.
On part toujours pour une
pêche miraculeuse. *(A droite)*

C'est grâce à son port en eau profonde et à sa situation privilégiée au carrefour des îles que la petite municipalité de Cap-aux-Meules est devenue le principal centre commercial et administratif de l'archipel. Bien qu'elle ne soit pas la plus peuplée des îles de la Madeleine, Cap-aux-Meules est un centre d'affaires animé, surtout durant la belle saison. Elle dispose d'un aéroport, d'un hôpital, de magasins, de quais d'amarrage pour les gros chalutiers et les navires marchands. C'est également ici qu'accostent les traversiers assurant les liaisons avec l'île du Prince-Edouard.

Au cœur de l'été, la navigation est active à Cap-aux-Meules. Le tourisme aussi. Les vacanciers se retrouvent dans les quelques restaurants et motels du village. Pour les Madelinots mêmes, Cap-aux-Meules est un lieu de rencontre, l'endroit où l'on se rend pour affaires ou simplement pour acheter des provisions.

Quoique construite sur un terrain relativement plat, Cap-aux-Meules est entourée de buttes qu'on appelle souvent aux Iles des « demoiselles ». Collines très basses, arrondies, sans arbres, sans cesse balayées par le vent du large, elles fournissent au mieux de maigres pâturages. Généralement, ces buttes portent un nom dans la tradition locale, comme la plupart des caractéristiques du paysage : caps, anses, groupe de rochers, etc. Autour du village, les falaises sont grisâtres. Pierreuses et dénudées, elles tombent à pic sur une étroite plage de galets.

On trouve à Cap-aux-Meules quelques-unes des plus belles maisons, vastes et confortables, construites dans le style traditionnel des Iles.

Pour le touriste ou l'amateur de courtes randonnées, l'attrait principal est le chemin des Caps, d'où l'on découvre un magnifique panorama. On peut aussi visiter la Coopérative d'artisanat et les fumoirs à hareng.

Au carrefour des îles

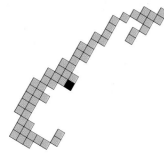

GROS-CAP

Un étrange pouvoir de séduction : un hameau perché sur une falaise basse dominant la plage courbe de la baie de Plaisance. *(Ci-dessus et à droite)*

Situé à 5 km environ au sud de Cap-aux-Meules, le hameau de Gros-Cap domine la longue plage courbe de la baie de Plaisance, entre un petit havre qu'on nomme La Martinique et l'éperon rocheux du cap Rouge.

C'est une région de falaises basses, certaines n'atteignant pas plus de 12 m, bordées d'échancrures, de minuscules baies et d'étangs. Des cordons de sable courent entre ces nappes d'eau et les isolent de plus en plus de la mer, ne laissant que d'étroits chenaux. Certains de ces étangs, comblés depuis longtemps sous l'action de l'érosion et par le mouvement des sables, se sont transformés en tourbières où pousse une végétation courte et clairsemée. Au nord de Gros-Cap, le terrain coupé d'étroits vallons s'élève doucement jusqu'aux hauteurs de la butte du Vent qui occupe approximativement le centre de l'île du Cap-aux-Meules.

La pêche hauturière était jadis plus importante dans cette région des îles qu'elle ne l'est aujourd'hui. Si bien que Gros-Cap est à présent un village à l'économie fragile axée sur une conserverie de homards et un petit chantier de construction d'embarcations de bois, tous deux situés près de la pointe de l'Echouerie. Dans le langage des Madelinots, « l'échouerie » était un espace sablonneux situé en arrière d'une plage où les phoques se rassemblaient parfois et où les pêcheurs avaient coutume d'échouer leurs barques.

Les parages immédiats ne se prêtent guère à l'agriculture et tout le monde ne peut évidemment pas vivre de la pêche. C'est pourquoi certains habitants de Gros-Cap cherchent à aller gagner leur vie ailleurs. L'été toutefois, le terrain de camping voisin apporte un peu d'activité supplémentaire. De fait, même si ce coin de l'archipel madelinot est plutôt pauvre, les paysages, eux, conservent intact tout leur pouvoir de séduction.

Le pouvoir de séduction

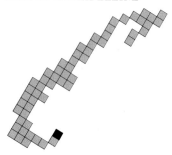

HAVRE-AUBERT

En attendant la prochaine sortie en mer. Havre-Aubert, c'est d'abord la pêche. *(Ci-dessus)*

Des maisonnettes comme posées sur les buttes, et des barques au soleil. La mer aussi a ses saisons. *(A droite)*

Situé à l'extrémité sud-est de l'archipel, sur une île fortement découpée qui porte le même nom, Havre-Aubert est un port de pêche très achalandé, bien abrité du gros temps par une sorte de digue naturelle, la Sandy Hook. Long et étroit promontoire de sable et de rochers, cette digue a en effet la forme d'un hameçon dont la pointe serait tournée vers le nord.

D'avril à la fin de novembre, la pêche est la principale activité de Havre-Aubert. Les bateaux rentrent, selon les saisons, avec leur cargaison de hareng, de homard, de maquereau, de crustacés ou d'éperlan. Durant l'été, les touristes peuvent faire des excursions de pêche en haute mer et visiter les installations de transformation du poisson. Le village de Havre-Aubert, anciennement peuplé par des familles acadiennes, comme le furent plusieurs hameaux voisins, étire ses maisonnettes aux couleurs claires et ses installations de pêche le long de la baie de Plaisance. L'église paroissiale, de conception moderne, mérite d'être visitée. De la haute butte qui s'élève à l'ouest de Havre-Aubert, on découvre toute l'île avec ses plages et ses falaises de grès rouge.

Sur le gros cap qui domine la rade, une élégante bâtisse blanche abrite le musée de la Mer. Le principal but de ce musée est d'illustrer la vie quotidienne des Madelinots, de renseigner les visiteurs sur les méthodes de pêche et les bateaux utilisés. A cause de leur situation géographique et des hauts-fonds dont elles sont entourées, les îles de la Madeleine ont été, jusqu'à une époque relativement récente, le théâtre de nombreux naufrages. Des fragments d'épaves, des objets trouvés sur les plages sont exposés au musée, ainsi que des maquettes de bateaux et d'authentiques meubles des Iles.

Au fil des saisons de la mer

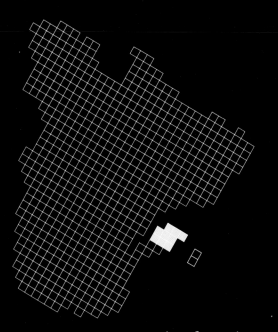

Voici un pays aux contours escarpés, de grèves et de falaises grises ou rougeâtres face au large, de rivières, de lacs et de montagnes d'un vert éblouissant à l'intérieur des terres. Un pays dont les villages n'en finissent plus de s'étirer le long de la route du littoral — qui n'existe que depuis 1929 —, éparpillant leurs modestes maisons sans ordre manifeste. Les jetées de bois se détériorent. Symbole d'une activité qui devient de plus en plus fragile et marginale, les flottilles de pêche sont devenues minuscules. La Gaspésie, qu'on essaie depuis trente ans de sortir d'un sous-développement chronique, en est toujours au même point. Restent les beaux paysages : le parc national de Forillon, la côte autour de la baie de Gaspé, Percé et l'île Bonaventure. A partir de New Carlisle et Bonaventure, le climat se réchauffe, les communautés semblent coquettes. Le littoral, verdoyant et partiellement boisé, permet la culture. Enfin, il y a la vallée de la Matapédia, pleine de coins charmants, pauvre mais somptueuse en toute saison.

Gaspésie

GASPÉSIE

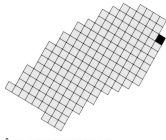

ÎLE BONAVENTURE

D'avril à novembre, les oiseaux migrateurs sont chez eux à l'île Bonaventure. *(Ci-dessus)*

Au bonheur des oiseaux migrateurs. Chaque crevasse et chaque aspérité de la paroi rocheuse servent d'abri. *(A droite)*

Jacques Cartier y jeta l'ancre en 1534 et l'appela « Bonne Aventure ». Pour les pêcheurs d'autrefois, l'île semble avoir vraiment été la « bonne aventure », probablement parce que ses parages étaient particulièrement poissonneux. Vers 1800, les frères Le Boutillier et Janvrin, un peu pirates à l'occasion, y établirent des installations de pêche, et une quarantaine de familles y vécurent durant un certain temps. Aujourd'hui, plus personne n'y habite.

L'île Bonaventure se trouve à plus de 3 km de la plage de Percé. Sa superficie est d'environ 4 km² et sa plus grande largeur ne dépasse pas 2 km. Certains géologues ont émis l'hypothèse que l'île était rattachée au rocher Percé, à une très lointaine époque, mais rien n'est moins certain. En 1971, la totalité de l'île devint propriété du ministère du Tourisme, de la Chasse et de la Pêche qui, trois ans plus tard, en faisait un refuge d'oiseaux migrateurs. Du quai de Percé, il est facile de trouver des bateaux qui font la traversée pour un prix modique.

Toutes les îles ont un charme, mais celle-ci, à cause des colonies d'oiseaux qui y vivent, est doublement intéressante. Protégés par des lois sévères, les oiseaux sont chez eux à l'île Bonaventure. Ils arrivent à la mi-avril et certains n'en repartent qu'à la fin de novembre. Avec quelque 50 000 fous de Bassan durant l'été, c'est le plus important refuge de ces oiseaux au monde, mais on y trouve aussi des cormorans, des goélands, des mouettes et une foule d'autres espèces. Habitués au va-et-vient des visiteurs, la plupart de ces oiseaux se laissent facilement approcher et photographier.

Quatre sentiers de randonnée pédestre traversent l'île, en particulier la petite forêt de conifères où abondent lichens, mousses et champignons. Des naturalistes animent un programme d'interprétation de la nature et servent de guides pour de courtes excursions.

Refuge d'oiseaux migrateurs

GASPÉSIE

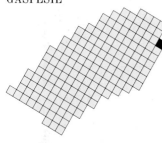

PERCÉ

L'appel du large. Pirate rejeté par la mer et aspirant à repartir ? *(Ci-dessus)*

Luminosité irréelle de Percé encore nimbé de la brume du matin. *(A droite)*

Echoué là pour toujours, un titanesque navire à la coque perforée par la mer. *(Pages 32–33)*

Après les escarpements rocheux et les longues grèves tranquilles de Coin-du-Banc, la route 132 s'arrête en pleine altitude au pied du pic de l'Aurore, puis dévale doucement vers le littoral. Voilà donc ce panorama de Percé, maintes fois admiré en photographie et qui se révèle encore plus saisissant qu'on ne s'y attendait. Le village, droit devant soi, le cap et le fameux rocher un peu sur la gauche et, plus loin au large, la silhouette sombre de l'île Bonaventure. Par temps clair, ce paysage marin est d'une amplitude et d'une luminosité extraordinaires.

Le fameux rocher est ancré là, dans la petite baie, depuis des temps immémoriaux. Il est fait de sédiments calcaires qui renfermeraient des millions de fossiles. Il semble qu'il ait eu jadis jusqu'à trois arches, mais n'en possède plus qu'une, taillée par le vent et le patient travail des marées. A l'origine, le rocher aurait fait partie d'une structure montagneuse qui le rattachait au mont Joli. Sa hauteur, qui diminue progressivement, est d'environ 88 m, et il mesure 433 m de long. Des mousses, des herbes croissent sur ce refuge absolument imprenable que les oiseaux de mer envahissent jusque vers la mi-octobre.

Comme toutes les régions de villégiature estivale, Percé s'anime trois ou quatre mois par année. La pointe gaspésienne, même si elle se trouve à la même latitude que la Bretagne, ne bénéficie pas d'un climat propice aux bains de mer. On vient ici pour le plaisir des yeux, la flânerie sur les plages tout envahies d'oiseaux, la pêche en mer et la causette avec les pêcheurs. A cette latitude, l'océan est capricieux. A marée basse, on peut ainsi atteindre presque à pied sec le rocher, ramasser sur les grèves de galets des étoiles de mer, des moules ou des oursins et, si l'on a de la chance ou l'œil bien exercé, quelques belles agates. Quoique Percé soit entouré d'eaux vraiment poissonneuses, la pêche semble constituer ici une activité secondaire.

Une nef ancrée pour l'éternité

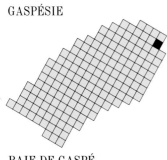

BAIE DE GASPÉ

Une histoire d'amour tissée entre l'homme et la mer depuis que le Malouin accosta ici en juillet 1534. *(Ci-dessus)*

Un seul coup d'œil ne peut embrasser l'immensité du paysage. Un gigantesque promontoire sur une baie large ouverte sur l'Atlantique. *(A droite)*

En approchant de la baie de Gaspé, la route 132 contourne le parc de Forillon puis, comme à bout de souffle, pique droit vers le fond de la baie et les terres en contrebas. De Cap-aux-Os où la vue est exceptionnelle, on ne parvient pas à embrasser d'un seul coup d'œil l'immensité du paysage.

Protégée des tempêtes par le cap Bon-Ami, un gigantesque promontoire de calcaire grisâtre couronné d'une végétation rabougrie, la baie, largement ouverte sur l'Atlantique, s'étire sur une trentaine de kilomètres. Le cap Bon-Ami, prolongement naturel de la chaîne des Chic-Chocs, c'est un peu la pointe du Raz de cette « Bretagne » québécoise qu'est la péninsule gaspésienne. Haut d'environ 120 m à son extrémité, il poussait jadis plus loin en mer, mais une partie s'effondra en 1851.

Gaspé, construite sur la rive sud de la longue baie, s'étend sur une pointe de terre à l'embouchure de la rivière York. A près de 1 000 km de Montréal, c'est aussi le terminus de la ligne de chemin de fer. Avec ses 17 000 habitants, Gaspé est essentiellement une agglomération commerciale et éducative. Les vicissitudes de l'histoire l'ont privée du port militaire qu'elle aurait pu avoir grâce à son extraordinaire mouillage, sûr et bien abrité. Après la conquête, les dirigeants anglais du Dominion préférèrent établir leurs bases navales à Halifax, en Nouvelle-Ecosse, et à Saint-Jean, au Nouveau-Brunswick.

Sur les hauteurs dominant le sud de la baie se trouve l'emplacement du fort Prével, zone stratégique fortifiée que l'armée canadienne occupa durant la seconde guerre mondiale. Le 105e régiment de batterie côtière avait reçu pour mission d'interdire l'entrée de la baie où étaient rassemblés des navires canadiens et britanniques.

Mais Gaspé est surtout connue parce que le Malouin Jacques Cartier aborda ici le continent en juillet 1534, lors de sa première traversée. Des fêtes commémorent régulièrement l'événement, en particulier le 450e anniversaire de ce voyage, avec ses spectaculaires manifestations tant ici que de l'autre côté de l'Atlantique, à Saint-Malo.

Sous le signe du Malouin

GASPÉSIE

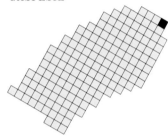

PIC DE L'AURORE

Le brouillard qui monte de la
mer à l'assaut du nid d'aigle.
Un ciel plus pur qu'ailleurs,
une lumière plus douce aussi.
(A droite)

La découverte du pic de l'Aurore n'est pas la même selon qu'on l'aborde en venant du sud ou du nord, par la route qui longe le littoral. A partir de L'Anse-à-Beaufils, le terrain s'élève graduellement jusqu'au fameux pic dont l'escarpement à la verticale, du côté de la mer, est entièrement caché. C'est par contre en venant du nord qu'on se trouve brusquement devant cette impressionnante falaise de calcaire ocre et les éboulis de rocs bordant la plage étroite.

Du plateau couronnant le pic de l'Aurore, véritable nid d'aigle couvert d'herbes rases, la lumière est plus douce, le ciel plus pur et le spectacle saisissant.

Géologiquement parlant, c'est au cours des 100 derniers millions d'années que le relief de la pointe gaspésienne acquit peu à peu son modelé actuel. Vers la même époque, l'extrémité de la chaîne appalachienne s'avançait plus à l'est, jusqu'à l'île Bonaventure et probablement plus loin. Falaises, caps et monts subirent une série de phénomènes d'érosion qui leur donnèrent leur configuration définitive, grandiose certes, mais de peu d'altitude.

La pointe de Percé est une sorte de triangle de quelques kilomètres de côté seulement dont un angle pourrait bien être le cap Mont-Joli, face au rocher Percé. On trouve dans ce territoire accidenté, du cap Blanc au pic de l'Aurore, six promontoires élevés dont le pic lui-même, deux petits monts, des crevasses millénaires et d'étroites vallées.

La route du pic de l'Aurore, qui passe à une bonne distance du bord de la falaise, profite du cheminement naturel d'une large coulée pour piquer droit sur l'anse du Nord et le village de Percé. Sur la droite, le mont Blanc, vaste et lointain, se découpe haut dans le ciel. Tout est relatif: en fait, il dépasse à peine 650 m. Au sud, le mont Sainte-Anne, telle une longue table de pierre, domine le fond de la baie de Percé.

Une lumière plus douce

GASPÉSIE

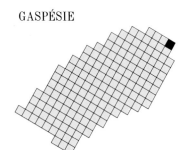

CAP-DES-ROSIERS

Blocs de glace dérivant lentement face à Cap-des-Rosiers. *(Ci-dessus)*

Figé dans la nuit froide, le vieux phare veille, à l'endroit précis où fit naufrage un voilier. *(A droite)*

Quand on regarde une carte géographique de la région, la situation de Cap-des-Rosiers peut inspirer une fausse image. Ce très ancien établissement de pêche, fréquenté dès l'époque de Champlain, constitue l'ultime étape sur la route 132 qui contourne la presqu'île de Forillon. Ce n'est pas un hameau perdu accroché au flanc des falaises, comme on pourrait le croire. Cap-des-Rosiers, au contraire, dispose ses maisons blanches sur un plateau frangé de caps et d'anses, surplombant la plage à faible hauteur, de 10 à 15 m tout au plus. D'ailleurs, dès Rivière-au-Renard, le littoral s'élargit, prend ses aises avec la mer, et de belles lisières agricoles s'étendent au pied des falaises et des crêtes où passe la route. Mais ce n'est toutefois que sur une courte distance, avant d'aborder les à-pic du cap Bon-Ami.

Déjà, à l'époque de Jacques Cartier et de Champlain, les eaux environnantes étaient très poissonneuses et fréquentées par des pêcheurs saisonniers qui étendaient la morue sur les grandes pierres plates parsemant les grèves. Mais au cours des dernières décennies, la pêche a passablement diminué dans ce village. Le nom évocateur de la localité remonterait à Champlain que l'abondance de rosiers sauvages avait inspiré... Hélas! les rosiers ont disparu depuis bien longtemps.

De tout temps, les parages de Cap-des-Rosiers étaient redoutés des navigateurs. Le naufrage du *Carricks,* en 1847, un voilier transportant des immigrants irlandais, fait partie de l'histoire locale. En 1858, on fit ériger à cet endroit un phare puissant qui existe toujours. Un peu à l'est du phare, on rejoint la partie la plus ancienne du village dont la physionomie a beaucoup changé depuis la création du parc national de Forillon. Quelques petites exploitations agricoles ont subsisté, mais la plupart des résidents de longue date, tout comme ceux des hameaux voisins d'Anse-aux-Sauvages et Grande-Grève, sont allés s'établir ailleurs.

Frangé d'anses et de caps

GASPÉSIE

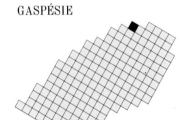

MADELEINE

Ample arc de cercle littoral qu'une flèche de sable, à l'embouchure de la Madeleine, sépare en deux communautés distinctes. *(Ci-dessus)*

Monochrome l'hiver, une côte rocheuse et accidentée, hérissée de sapins. A l'enseigne de la Madeleine. *(A droite)*

D'Anse-Pleureuse aux approches de Rivière-la-Madeleine, la côte nord, rocheuse et accidentée, est hérissée de petits caps. Des crêtes peu élevées dominent une bande étroite de terres basses en partie cultivées. Puis, le littoral s'élargit et forme un ample et profond arc de cercle autour de l'embouchure de la rivière Madeleine dont la source se perd loin dans le parc de la Gaspésie. Une longue flèche de sable blanc occupe le centre du delta de ce cours d'eau qui, en fait, partage la communauté riveraine en deux villages distincts : Madeleine-Centre, à l'ouest, et Rivière-la-Madeleine, à l'est.

La nature même du terrain donne à ces villages leurs caractères distinctifs. Rivière-la-Madeleine éparpille ses maisonnettes au fond des anses, sur les caps et jusqu'en bordure des grèves. Quant à Madeleine-Centre, c'est son église qui paraît dès les premières maisons, délicate construction comme on en voit sur les cartes postales, avec son toit et son clocher argentés. Puis, tout près, sur un promontoire dénudé tombant à pic dans la mer, c'est la tour ronde du phare, l'un des plus anciens de la vallée du Saint-Laurent.

Comme la plupart des villages côtiers de Gaspésie, Madeleine-Centre et Rivière-la-Madeleine sont situés près de l'estuaire d'une rivière. C'est qu'à l'époque où il n'y avait ni routes ni chemin de fer, la rivière était le seul moyen de pénétrer à l'intérieur de la péninsule, de transporter le bois coupé ou de s'approvisionner en eau douce.

Chacune à sa façon, l'une et l'autre localités représentent bien le village gaspésien typique : peuplement très faible et lent, à partir de 1850 environ, économie axée sur la pêche et l'exploitation forestière. Après avoir vécu de la pêche à la morue comme presque partout ailleurs en Gaspésie, les habitants établis autour de l'estuaire de la rivière Madeleine virent s'ouvrir de gros chantiers forestiers, puis s'installer une société de pâte et papier. Mais bientôt tout cela disparut, balayé par la crise économique de 1929. Aujourd'hui, les quelque 900 résidents des deux villages sont retournés à la pêche, leur vocation première, à l'agriculture et, dans une moindre mesure, à la forêt.

Typiquement gaspésien

GASPÉSIE

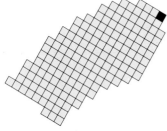

**PARC NATIONAL
DE FORILLON**

Le paysage gaspésien à Forillon.
Criques, petites plages de
galets, et couvert forestier qui
s'arrête abruptement sur la mer.
(Ci-dessus)

Délicieuse fraîcheur d'une
cascade au sortir d'un sentier.
Au parc de Forillon, la nature
est au rendez-vous. *(A droite)*

C'est à Forillon, à l'extrême limite de la Gaspésie, que se révèle le paysage gaspésien dans toute sa splendeur indomptée.

Le parc national du même nom, créé en 1971, occupe un promontoire accidenté et boisé, protection naturelle de la longue baie de Gaspé. Il s'étend sur environ 240 km, à l'est de la route 197, comme enveloppé par la 132 qui le traverse de Cap-des-Rosiers à Cap-aux-Os, dans la baie de Gaspé.

C'est surtout durant l'été qu'il est agréable de visiter le parc national de Forillon et de profiter des services locaux d'interprétation de la faune et de la nature, des trois terrains de camping, des aires de pique-nique et des sentiers de randonnée pédestre. A proximité, de petits villages aux noms pittoresques offrent diverses possibilités d'hébergement.

Un peu partout dans le parc, on s'est efforcé de conserver le riche couvert forestier au travers duquel courent des sentiers. L'environnement familier des pêcheurs est demeuré intact : petites plages de galets, criques et larges brèches dans les falaises utilisées jadis comme abris naturels, longs rochers plats qui servaient au séchage du poisson. Le paysage accidenté porte la marque de la mer : escarpé à l'est, ponctué de plages de sable et de petites anses abritées par les promontoires du côté de la baie de Gaspé.

Les oiseaux de mer abondent sur les falaises : fous de Bassan, cormorans à aigrettes, goélands argentés, plusieurs espèces de canards. Plus de 150 espèces d'oiseaux ont trouvé refuge au parc de Forillon.

Dans les eaux côtières, on peut apercevoir en été des phoques et des baleines par colonies entières. La faune des bois est particulièrement riche ; aussi, botanistes et géologues amateurs trouvent-ils à Forillon un terrain de choix.

Au centre d'interprétation du Havre, à l'entrée du parc, on peut se renseigner sur les activités proposées et l'horaire des excursions quotidiennes. Des exposés, accompagnés de projections de diapositives, sont donnés en soirée.

L'indomptable pays gaspésien

GASPÉSIE

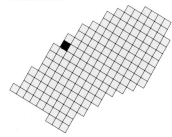

SAINTE-ANNE-DES-MONTS

Lieu de pèlerinage et porte
d'entrée d'un paradis de
vacances nature. *(A droite)*

Passé Matane, sur la côte nord de la péninsule gaspésienne où se succèdent des villages à l'économie fragile, Sainte-Anne-des-Monts est la principale agglomération avant Gaspé. Située à 500 km à l'est de Québec, tout près de l'embouchure de la rivière Sainte-Anne qui descend des plateaux de l'intérieur, cette ville de 7 000 habitants vit du petit commerce, de quelques services administratifs et du tourisme estival. On y vient de dizaines de kilomètres à la ronde faire ses achats, étudier ou se faire soigner. On y vient aussi en pèlerinage. Car la haute église de granit qui fait face à la mer abrite une précieuse relique : un fragment d'os d'un doigt de sainte Anne, patronne des marins. Si Sainte-Anne est le centre commercial et éducatif de la moyenne Gaspésie, c'est en partie parce qu'elle est située au carrefour de la route du littoral (route 132) et de la transgaspésienne (route 299) qui, à travers le parc de la Gaspésie, pique droit vers New Carlisle et les localités plus prospères de la baie des Chaleurs.

Eté comme hiver, ce raccourci, qui permet d'éviter le fastidieux détour par Gaspé et Percé, est très fréquenté des automobilistes et des camionneurs. Pas surprenant que les motels, le mini-centre commercial et les locaux administratifs de Sainte-Anne soient situés près de l'embranchement de ces deux routes.

Mais Sainte-Anne-des-Monts, c'est en quelque sorte la porte d'entrée de l'univers des vacances nature, la seule halte commode dans ce sanctuaire avant l'immense parc récréatif de Gaspésie qui couvre quelque 800 km² et commence à peine à 18 km plus au sud. Chaque été, des milliers de vacanciers et de visiteurs s'arrêtent à Sainte-Anne avant de poursuivre leur route vers les lacs, les rivières, les aires de pique-nique et les sentiers de randonnée de ce parc qui est devenu l'un des grands attraits touristiques de la Gaspésie. La chaîne des Chic-Chocs lui confère un caractère grandiose, probablement unique au Québec. C'est également le seul endroit où l'on trouve, dans le même habitat naturel, le caribou, l'orignal et le cerf de Virginie.

La halte du pèlerin

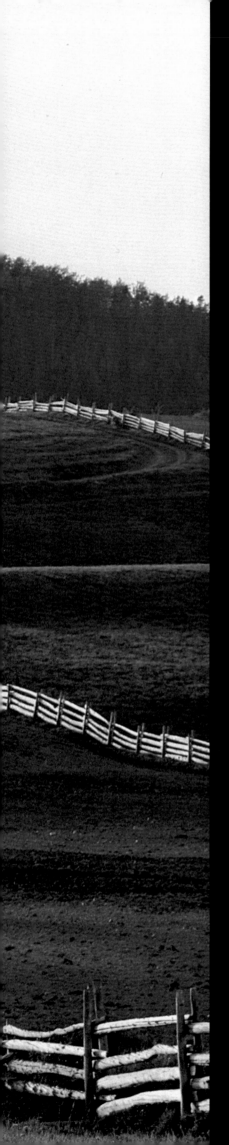

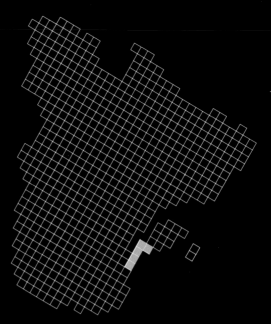

Naguère région de passage entre la ville de Québec et la Gaspésie, le Bas-Saint-Laurent est, pour beaucoup de gens, difficile à situer. Géographiquement et administrativement parlant, cette région s'étend de La Pocatière à Sainte-Luce-sur-Mer, sur une distance d'environ 195 km, et englobe quatre comtés municipaux : Kamouraska, Rivière-du-Loup, Témiscouata et Rimouski. Ce coin de pays pittoresque et prodigieusement varié compte un peu plus de 125 000 habitants. Large de quelques kilomètres au plus, la plaine côtière se déroule sans interruption jusqu'à Rimouski, bordée vers l'intérieur par des terrasses fertiles et par l'immense plateau boisé qui s'étend jusqu'aux frontières du Maine et du Nouveau-Brunswick. Le Bas-Saint-Laurent s'est surtout développé à partir de 1860, avec l'arrivée du chemin de fer. Aujourd'hui, il vit principalement de l'agriculture et de la forêt, du tourisme et de petites industries.

Bas-Saint-Laurent

BAS-SAINT-LAURENT

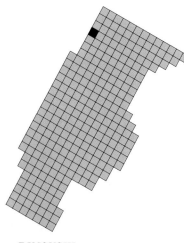

RIMOUSKI

Rimouski, c'est la ville neuve, mais c'est aussi les terrasses de l'intérieur à mesure qu'on s'éloigne du fleuve. (Ci-dessus)

Tourbière à Rimouski. Un dynamisme géométrique? (À droite)

Ville maritime et commerciale, Rimouski se trouve à quelque 315 km à l'est de Québec, là où le Saint-Laurent s'enfle démesurément et prend l'humeur de l'océan. A cet endroit, le fleuve atteint une largeur d'environ 50 km.

Cette agglomération compte à présent près de 40 000 habitants et l'essor soutenu qu'elle a connu au cours des quinze dernières années en a fait un centre régional moderne et dynamique. Situé au cœur même de ce qui fut l'une des premières seigneuries du Bas-Saint-Laurent, Rimouski s'ouvre largement sur le fleuve. Mais il s'étend aussi vers l'intérieur, sur les terrasses naturelles qui s'élèvent à mesure que l'on s'éloigne du littoral.

Bien que le site de Rimouski ait été colonisé de bonne heure, ce n'est qu'en 1868 que la ville fut officiellement reconnue, et son industrialisation ne date que du début du siècle. C'est une ville neuve, au sens propre du mot, avec de beaux parcs et des espaces verts. Si une bonne partie des édifices commerciaux et administratifs n'ont guère plus de vingt-cinq ans, c'est à cause du terrible incendie de 1950 qui détruisit en une nuit plus du tiers de la municipalité. Siège épiscopal, Rimouski est également le principal foyer d'enseignement du Bas-Saint-Laurent depuis la création de l'université du Québec, en 1969. Avec quelque 5 000 étudiants dont un tiers à plein temps, l'université du Québec à Rimouski est aussi présente, par ses bureaux régionaux, à Lévis, à La Pocatière, à Rivière-du-Loup, à Matane, à Carleton, à Gaspé et à Hauterive. Rattaché au cégep de Rimouski, l'institut de marine du Québec forme des spécialistes dans le domaine des télécommunications, de la navigation et du génie maritime. Au cours des dix dernières années surtout, il a largement contribué à développer ces secteurs de l'économie québécoise.

Si la « métropole » du Bas-Saint-Laurent revendique aussi d'être le principal centre d'études océanographiques du Québec, c'est qu'elle dispose, au plan de la recherche pure, de l'Institut national de la recherche scientifique en océanographie, très actif, et de la station aquicole de Pointe-au-Père.

Déjà l'humeur de l'océan

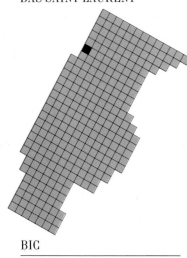

BIC

Bic, c'est la rencontre intime du fleuve et de la côte. Par temps clair, le regard embrasse une portion d'éternité. *(Ci-dessus)*

Luminescence crépusculaire sur les champs de Bic. Un lieu choyé des peintres, des vacanciers et des naturalistes. *(A droite)*

Bic, comme Cacouna ou Kamouraska, c'est la rencontre intime du fleuve et de la côte.

En contemplant le site du haut de la petite falaise qui surplombe le village, son église et, plus loin, la baie et les îles boisées qui la protègent, on comprend pourquoi l'endroit intéressa les navigateurs et les hommes politiques. Frontenac, entre autres, aurait eu de grands desseins pour Bic, comme celui d'en faire une base navale pour les vaisseaux du roi. Ce projet ne vit jamais le jour, non plus que ceux qui, par la suite, voulaient faire de Bic le grand port marchand en aval de Québec. Dans ce vieux pays de pêcheurs et de marins, on a toujours trouvé une main-d'œuvre nombreuse et experte. Malgré tous ces avantages naturels, Bic n'est jamais parvenu à être autre chose qu'un lieu choyé des vacanciers, des peintres et des naturalistes.

A marée basse, on peut presque gagner à pied les principales îles qui parsèment la baie profonde. La plus grande, l'île du Bic, servit longtemps de relâche pour les bateaux de pêche et les goélettes qui montaient ou descendaient le Saint-Laurent. Les vacanciers font de la pêche au large, du camping, des randonnées sur les grèves et près des marécages où gîtent des hérons, des cormorans et une foule d'autres oiseaux de mer. Du belvédère du mont Saint-Louis, auquel on accède par un réseau de sentiers, le regard porte, par temps clair, jusqu'à la rive nord du Saint-Laurent, pourtant distante d'une quarantaine de kilomètres.

Le village, dont la population est de 3 000 habitants à peine, conserve un vieux pont couvert d'un style très original. Deux moulins à farine, datant de la fin du siècle dernier, ont pu survivre au temps. L'un d'eux, le moulin Lavoie, est encore équipé d'une impressionnante roue à godets construite entièrement en bois.

Né du fleuve et de la côte

BAS-SAINT-LAURENT

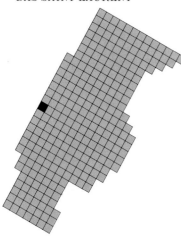

L'ISLE-VERTE

Une activité entièrement axée sur la pêche. Et les moissons du fleuve capricieux ne sont parfois que des écumes.
(A droite)

Passé Cacouna, la route cesse brusquement de longer les grèves rocheuses. Elle oblique vers l'intérieur des terres, bordée à droite de cultures et de prairies, à gauche, par de faibles élévations semées de rocs et de bouquets d'arbres. On entre dans L'Isle-Verte — à 25 km environ à l'est de Rivière-du-Loup — par un petit pont qui franchit la rivière Verte. C'est une vieille paroisse adossée à des collines, et dont les quelque 1 200 habitants vivent de la pêche à l'anguille et au hareng, d'une petite industrie locale de filature et d'un peu d'agriculture. L'église gothique et l'ancien moulin banal de la seigneurie témoignent de l'architecture régionale du milieu du siècle dernier. Chaque été, au mois d'août, se tient une grande foire agricole à L'Isle-Verte, mais ce qui attire surtout les touristes, c'est la réserve nationale de la faune de la baie de L'Isle-Verte.

Côté fleuve, le marécage semé de petites mares abrite de nombreuses espèces d'oiseaux aquatiques : canards, hérons, pluviers, cormorans, mouettes. Côté village, les terres cultivées avec leurs fossés de drainage accueillent quantité d'oiseaux des champs et des bois. A l'extrémité est de la baie, on aperçoit parfois des phoques qui se chauffent au soleil sur les rochers plats.

A environ 5 km du village côtier se trouve l'île Verte, comme un grand navire à l'ancre. Pour s'y rendre, il faut s'adresser aux pêcheurs ou aux canotiers qui effectuent la traversée selon la marée. Longue d'une douzaine de kilomètres, l'île fut érigée en paroisse il y a plus de cent ans. La petite église blanche vit passer jadis beaucoup plus de gens, car il reste moins de 200 personnes qui y vivent aujourd'hui toute l'année. A part quelques fermes familiales, l'activité des insulaires est entièrement axée sur la pêche et le fumage du poisson. Il y a une magnifique plage sur la côte nord, et le phare de l'île, classé monument historique, est reconnu comme le plus ancien du Québec. De fait, il entra en opération en septembre 1809.

Et des oiseaux par milliers

BAS-SAINT-LAURENT

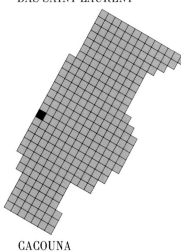

CACOUNA

Une composition symbolique ?
Equilibre des masses et
harmonie des couleurs.
(*Ci-dessus*)

A Cacouna, tout sourit durant
le bref été. A l'image du
délicieux échange entre
l'homme et son terroir.
(*A droite*)

Avec Notre-Dame-du-Portage, Saint-Patrice et, plus loin en aval, Saint-Fabien, Cacouna est l'une de ces délicieuses haltes en bordure du fleuve qu'on dirait créées uniquement pour les plaisirs de la villégiature aisée.

En fait, c'est un peu ce qui s'est produit. En 1860, l'arrivée du chemin de fer dans le Bas-Saint-Laurent ne fait pas que faciliter les communications et le transport des marchandises. Les colons arrivent aussi, bientôt suivis par des voyageurs et des touristes aisés. On aménage le littoral, on fait construire d'élégantes villas au bord de la mer, de la même façon qu'on transforme, sur la rive nord, La Malbaie et Pointe-au-Pic. Au début du siècle, Cacouna dispose, entre autres, d'un hôtel pouvant accueillir 600 clients ; les courses hippiques et les soirées mondaines se succèdent pendant la belle saison, si bien que de riches anglophones donnent à Cacouna le surnom de « Saratoga du Canada » par comparaison avec Saratoga Springs, dans l'Etat de New York.

Quoique toujours très fréquenté, Cacouna n'en a pas moins perdu quelque peu de cet éclat de jadis. Beaucoup d'autres endroits de villégiature attirent à présent la clientèle aisée mais, pendant le bref été, il redevient un peu la banlieue chic de Rivière-du-Loup qui n'est distante que de quelques kilomètres seulement.

Du siècle dernier, Cacouna a conservé une gracieuse église en pierre des champs, le monastère des capucins — ancienne résidence d'été d'un riche armateur — et de belles villas qu'on aperçoit sur le côté nord de la route.

A marée basse, on peut se rendre observer de près les fascines que les pêcheurs de l'endroit élèvent sur le lit de la mer pour piéger l'anguille et d'autres poissons.

« Saratoga »-en-Québec

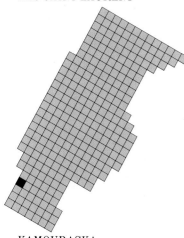

KAMOURASKA

Le comté de Kamouraska finit à Andréville. Regardez bien derrière vos paupières fermées : n'est-ce pas cette maison qui surgit dans vos rêves ? *(Ci-dessus)*

Prairie en terrasse de Kamouraska. Les chevaux n'y seront plus quand vous passerez par là, mais il y a toujours un coursier blanc quelque part, qui attend. *(A droite)*

A 160 km en aval de Québec, sur la rive sud du Saint-Laurent, Kamouraska est beaucoup plus qu'un village agricole. Fondé il y a près de 300 ans, c'est un véritable coin de pays aux caractéristiques propres, qui s'étend de Saint-Denis à Andréville, entre le fleuve et les collines boisées de l'intérieur. En fait, dix-sept paroisses se formèrent entre 1791 et 1922, issues des limites officielles de l'ancienne seigneurie de Kamouraska et englobant une superficie d'environ 100 km².

Alentour, le paysage est ravissant. Les prairies, les terres en culture occupent des terrasses le long de collines pierreuses partiellement boisées. Le village lui-même, avec ses petites rues descendant vers le fleuve, conserve une grande unité architecturale. Le moulin Paradis, le manoir Taché et plusieurs résidences centenaires ont jadis abrité des personnages célèbres de l'histoire canadienne. Sur le côté sud de la route, face aux marais salés de la baie, la maison Langlais servit au tournage du film *Kamouraska*, tiré du roman d'Anne Hébert.

Non loin de l'église et du musée de Kamouraska, la goélette *Monica L*, amarrée au vieux quai, est l'un des rares témoins d'une époque où des navires de ce type transportaient vers Québec et Trois-Rivières le bois coupé dans l'arrière-pays.

La région de Kamouraska est particulièrement giboyeuse. L'automne, on chasse les oiseaux migrateurs sur les longues battures et dans les roselières. Les îles qui parsèment la baie sont autant de refuges naturels où ils viennent nicher. Au début de l'été, les oies blanches sont nombreuses dans les marécages et les champs. En bordure du fleuve, on pêche le caplan, l'anguille, ou encore la petite morue.

En passant par Kamouraska, le vacancier se doit de s'arrêter à l'église paroissiale qui, avec son presbytère, compte parmi les plus beaux édifices de la région.

Célèbre... et ravissant

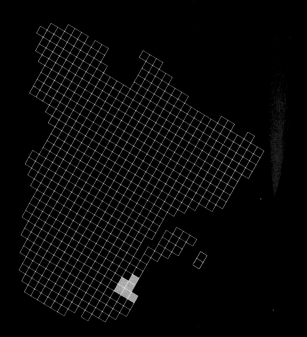

Le Pays de l'érable s'étend le long de la rive sud du Saint-Laurent, de Lotbinière aux environs de Montmagny, mais aussi, plus au sud, dans cette Beauce vallonnée et boisée où coule la Chaudière. Voilà une région qui mérite vraiment son nom : plus de 4 000 érablières assurant près de 50 p. 100 de la production québécoise de sirop et de sucre. La plus forte concentration d'érables au monde, disent les gens de la région, non sans fierté.

A la fois urbain et fortement orienté vers l'agriculture, le Pays de l'érable compte plus de 10 000 fermes laitières. De Sainte-Marie à Saint-Georges, l'industrie beauceronne est depuis des années l'élément le plus dynamique des petites et moyennes entreprises québécoises. A l'est, près de la frontière du Maine, les paroisses bâties sur les vieux plateaux « de colonisation » vivent encore de l'exploitation forestière et de l'élevage. De Leclercville à Lévis, le Pays de l'érable englobe une zone riveraine d'anciennes seigneuries, de villages harmonieusement dessinés, d'églises et de manoirs qui sont autant de précieux vestiges historiques. Passé Montmagny, le pays se confond avec le Bas-Saint-Laurent, dont les limites sont imprécises. C'est déjà la mer, progressivement, avec d'autres types de paysages et d'activités.

Le pays de l'érable

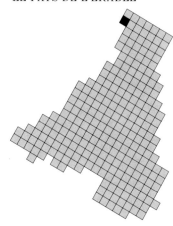

SAINT-JEAN-PORT-JOLI

Il y a des noms qui disent un village. Saint-Jean-Port-Joli dit tout et le dit bien. *(Ci-dessus)*

Le message sculpté dans le tronc de cet arbre centenaire dit que la capitale de l'artisanat québécois se trouve ici, à Saint-Jean-Port-Joli, à l'embouchure de la rivière Trois-Saumons. *(A droite)*

C'est ici, à Saint-Jean-Port-Joli, que l'artisanat d'inspiration traditionnelle a vraiment commencé, surtout à partir de 1940, après que les trois frères Bourgault eurent ouvert leur école de sculpture.

Comme leur père, les Bourgault étaient menuisiers de leur métier, mais en 1931, en pleine crise économique, Médard, alors âgé de 34 ans, se mit à sculpter des sujets religieux, des personnages de pêcheurs et de paysans. A son grand étonnement, des voyageurs les lui achetèrent sans hésitation. La « capitale » de l'artisanat, comme on nomme cette petite ville de 3 300 habitants, était née.

Comme l'écrit un critique d'art, Saint-Jean-Port-Joli, à l'embouchure de la rivière Trois-Saumons, « ce n'est pas un village de pêcheurs, ni de marins. Ce n'est pas non plus un village d'agriculteurs ou de forestiers. C'est un village où il y eut tout cela à la fois. » C'est vrai, certes, mais comme dans toutes les paroisses de la rive sud du Saint-Laurent, de Montmagny à Saint-Roch-des-Aulnaies, beaucoup d'hommes gagnèrent leur vie à naviguer à une époque où il n'y avait à peu près rien d'autre à faire.

Aujourd'hui, Saint-Jean-Port-Joli vit du tourisme estival, de plusieurs entreprises de services, d'un peu d'agriculture, mais surtout du travail de ses quelque 200 artisans. La réputation de ces sculpteurs du terroir s'étend au Canada tout entier et déborde même aux Etats-Unis et jusqu'en Europe. La plupart d'entre eux se sont établis dans la partie ouest du village et, de chaque côté de la route 132, on peut voir leurs boutiques, leurs ateliers, leurs résidences souvent décorées de sculptures extérieures. Beaucoup continuent de travailler dans le style paysan traditionnel rendu populaire par les Bourgault, mais d'autres cherchent de nouvelles voies et quelques-uns se sont spécialisés dans la reproduction de voiliers, de mammifères et d'oiseaux.

Non loin de la principale auberge du village, on visite depuis quelques années la maison d'un des frères Bourgault, Médard, décédé en 1967. L'artiste consacra beaucoup de temps à décorer l'intérieur de sa demeure, à sculpter meubles, portes et panneaux de bois. De fait, la maison abrite un véritable trésor de pièces uniques, de dessins et d'esquisses.

Un rayonnement d'artisans

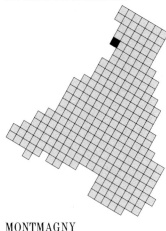

MONTMAGNY

Montmagny au fil des eaux et au rythme régularisé de ses chutes. *(Ci-dessus)*

Sur les battures gorgées d'eau salée, les outardes et les sarcelles par milliers reviennent chaque printemps reprendre possession de leur aire de repos à Montmagny. *(A droite)*

Comme Cap-Tourmente ou les rivages de Kamouraska, Montmagny est surtout connu pour le vaste refuge d'oiseaux migrateurs bordant l'estuaire de la rivière du Sud et les battures gorgées d'eau salée qui s'étendent jusqu'à Cap-Saint-Ignace, le village voisin. Là, chaque printemps et chaque automne, avec une étonnante régularité, des dizaines de milliers d'oies blanches, d'outardes, de canards et de sarcelles envahissent leurs aires de repos face au quai d'où part le traversier pour l'île aux Grues et l'île aux Oies, à quelques kilomètres au large. Tous les chasseurs ont entendu parler de Montmagny ou y sont allés.

Cette ville riveraine d'à peine 13 000 habitants fut fondée en 1646 par le second gouverneur de la Nouvelle-France, Charles Huault de Montmagny. Son économie repose sur quelques industries, le commerce de détail et les services publics. En passant par la route 132, celle qui longe le fleuve et qui est en même temps l'artère principale de la ville, on ne découvre qu'une partie de Montmagny. La ville, en fait, s'étend vers l'intérieur, le long de la rivière du Sud et jusqu'à la gare de chemin de fer. C'est dans ce quartier qu'on trouve, le long des rues étroites, de coquettes maisons anciennes. On visite l'église et le manoir Couillard-Dupuis. Le manoir des Erables, une propriété privée dont l'origine remonte à 1814, est devenu une auberge à la table réputée.

Montmagny, d'une certaine façon, c'est aussi l'île aux Grues et l'île aux Oies, presque au milieu du fleuve. Entourées de longues battures de joncs, de plages de sable et de rochers, en particulier sur la rive nord, ces îles sont un merveilleux endroit où passer un moment en pleine nature. De l'endroit où accoste le traversier venant de Montmagny part une petite route de terre. Elle traverse les îles d'ouest en est, dont la minuscule paroisse Saint-Antoine où vivent une quarantaine de personnes, pêcheurs et cultivateurs tout à la fois.

Revenir à tire-d'aile

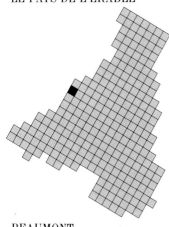

BEAUMONT

Le moulin de Beaumont, comme à cheval sur le ruisseau. Ce vieux bâtiment de style canadien est en parfait état de conservation. *(Ci-dessus)*

Il est des lieux privilégiés où un frisson de perfection se trouve figé pour dire aux gens qui passent le bonheur d'avoir été là. Beaumont transmet ce frisson-là. *(A droite)*

Situé à une quinzaine de kilomètres à l'est de Lévis, Beaumont est au cœur même d'une opulente région agricole qu'un voyageur des années 20 appelait « la Normandie canadienne ». La ressemblance avec cette région de France tient sans doute aux terres doucement vallonnées du comté de Bellechasse, piquées de haies et de boqueteaux, et aux riches fermes laitières.

Haut perché sur la rive sud du fleuve, avec ses nombreuses maisons anciennes, son église et son très beau presbytère datant du début du XVIIIe siècle, Beaumont est aussi l'une des plus vieilles paroisses agricoles de toute la région.

Sur la falaise dominant le fleuve, près d'un mince cours d'eau que l'on nomme le « ruisseau à Maillou », se trouve l'un des plus beaux moulins à farine du Québec. Restauré et en parfait état de conservation, il date de 1821 et était encore, il y a quelques années, propriété d'un fils de meunier de Saint-Charles-de-Bellechasse. A l'origine, il s'agissait d'un moulin à carder la laine, mais les propriétaires successifs l'utilisèrent plutôt pour broyer le grain.

Le moulin de Beaumont est un bâtiment de style canadien au toit pointu et mansardé, dans le genre de celui des maisons d'artisans de la région. Il comprend trois étages et un grenier. Les fondations et la cage de la roue à godets sont en maçonnerie, les murs recouverts de bardeaux aux extrémités. Etant situé en travers du ruisseau, le moulin en a à peu près la largeur, c'est-à-dire environ 16 m, sur 14 de hauteur totale. Cet édifice n'a pas moins de trente-huit fenêtres.

A l'intérieur, la machinerie est en bonne condition de fonctionnement. Le dernier propriétaire, grand amateur de mobilier québécois, y a rassemblé de nombreuses pièces rares ainsi que des outils et des ustensiles dont on se servait jadis dans les campagnes.

Comme jadis, si on voulait

66

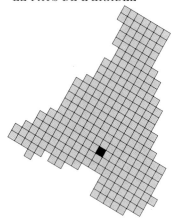

SAINT-JOSEPH-DE-BEAUCE

Saint-Joseph-de-Beauce, une des mini-capitales et le berceau du dynamisme beauceron. *(Ci-dessus)*

Jadis et aujourd'hui. Composition hivernale beauceronne. *(A droite)*

A 70 km au sud de Québec, adossé à un arrière-pays doucement ondulé, propice à la culture et à l'élevage, Saint-Joseph-de-Beauce vit de quelques industries florissantes, dont une fabrique de céramique. Pourtant, cette municipalité ne compte pas 1 000 habitants bien qu'elle soit considérée comme l'une des mini-capitales de cette vallée beauceronne dont on a tant vanté le dynamisme économique.

Ce coin de la Beauce, habité par des Abénaquis avant que les premiers pionniers blancs ne s'y arrêtent, fut jadis une vaste seigneurie concédée au gendre de Louis Joliet, le découvreur du Mississippi. Le nom de cette région vient du fait que ces terres parurent alors aussi fertiles et aussi riches que celles de la Beauce, en France. Ce premier propriétaire, Fleury de la Gorgendière, entreprit la mise en valeur de son domaine en y faisant construire une petite chapelle, un moulin banal et un manoir seigneurial. Saint-Joseph devint ainsi le « berceau » de la Beauce et, un peu plus tard, son chef-lieu.

On ne peut parler de Saint-Joseph sans parler aussi, iné-vitablement, de la Chaudière. En particulier de ses crues mémorables. Car les débordements saisonniers de la rivière ont fortement influencé la vie de cette petite localité, et cela depuis sa fondation. Les crues de 1917 n'ont jamais été oubliées. Ces sautes d'humeur se produisent souvent à l'automne, après de fortes pluies, mais c'est surtout lors des premières chaleurs printanières que la rivière sort brutalement de son lit, inondant les rues, les caves et les terres voisines.

Il n'en reste pas moins que Saint-Joseph, agréablement situé au confluent de la rivière Chaudière et de la rivière des Fermes, constitue l'un des lieux touristiques les plus fréquentés de la Beauce. D'élégantes demeures de styles variés, remarquablement bien conservées, jalonnent le bord de l'eau. Le couvent des sœurs de la Charité est maintenant un centre culturel et abrite le musée Marius-Barbeau et la maison des Artisans. Près des chutes de la rivière des Fermes, les ruines de l'ancien moulin banal sont tout ce qui reste de la seigneurie de la Gorgendière.

Le berceau beauceron

LE PAYS DE L'ÉRABLE

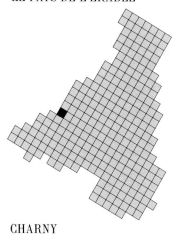

CHARNY

Spectacle saisissant des eaux rugissantes de la Chaudière dévalant de 45 m de haut près de Charny.

C'est à 11 km au sud-ouest de Lévis que se trouve Charny, sur la rive sud du fleuve, pratiquement à l'entrée du grand pont de Québec et du pont Pierre-Laporte. C'est un très vieux village, typique d'une époque révolue et qui garde encore tout l'attrait nostalgique du style traditionnel français d'alors.

C'est vers le milieu du XVIIe siècle que les premiers habitants s'installèrent là, et la localité tire son nom de Charles de Charny, fils d'un gouverneur de l'époque de la Nouvelle-France, Jean de Lauzon. Alentour, plus au sud, la région est faite de collines pierreuses, de prairies, de sapinières. C'est là que se trouvent des érablières et de vastes propriétés agricoles. On est tout simplement aux approches de la Beauce, l'un des terroirs les plus colorés du Québec le long de la vallée de la Chaudière.

Justement, Charny doit être aussi vu en fonction de la Chaudière. Cette rivière peu navigable, au débit très irrégulier, prend sa source au lac Mégantic, et ses fortes crues sont célèbres bien au-delà de la région. De fait, rapides et tourbillons accidentent les derniers 100 km de son cours, le long de la route 171 qui traverse la Beauce du nord au sud. A la hauteur de Charny, la Chaudière atteint une largeur de près de 500 m. Son lit se fait rocheux, encombré de blocs erratiques. Puis ce sont les chutes.

Les eaux tombent ici de près de 45 m de haut — soit près de la moitié de la hauteur des chutes de Montmorency — et dans leur furie rugissante forment une sorte de dépression au pied de la cataracte. D'où le nom de la rivière elle-même, Chaudière (chaudron). On a une belle vue d'ensemble du pont du chemin de fer du Canadien National et sur le viaduc de l'autoroute 20. Mais c'est à Charny même que le spectacle est le plus saisissant.

Le ministère du Loisir, de la Chasse et de la Pêche a fait aménager les abords de la Chaudière. Trois belvédères d'observation ainsi qu'une halte routière paysagère permettent aux automobilistes de contempler à loisir les impressionnantes chutes. Celles-ci se trouvent à environ 6 km de l'embouchure de l'imprévisible rivière qui, pour se jeter dans le Saint-Laurent, décrit encore un estuaire long et évasé en forme de coude gigantesque.

Là se déchaîne la Chaudière

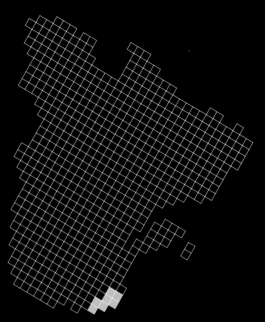

L'Estrie commence à Granby et va jusqu'aux limites de la Beauce, à l'est, passé Lac-Mégantic. Au nord, elle s'étend jusqu'à Thetford-Mines et s'arrête, au sud, à la frontière américaine. Région riche et d'ancienne colonisation, agricole et industrielle tout à la fois, dont la ville de Sherbrooke constitue le centre culturel, commercial et financier.

Premiers défricheurs de cette contrée pratiquement inhabitée, les loyalistes américains y imprimèrent leur empreinte. Vinrent ensuite les immigrants britanniques puis, durant la seconde moitié du siècle dernier, les francophones s'y implantèrent rapidement. Avec ses immenses lacs, ses centres de ski, ses rivières et ses splendides panoramas, l'Estrie est une région privilégiée pour le tourisme et les sports de plein air.

Aujourd'hui, près de 400 000 personnes, en majorité francophones, vivent dans les comtés estriens. L'université de Sherbrooke, quant à elle, se vante à juste titre d'être l'un des principaux centres éducatifs et culturels du Québec.

Estrie

ESTRIE

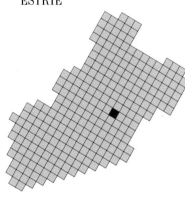

COOKSHIRE

De près et de loin, on se croirait
déjà en Nouvelle-Angleterre.
Le détail comme l'environnement portent ici la marque
des fondateurs loyalistes.
(Ci-dessus et à droite)

A une vingtaine de kilomètres à l'est de Sherbrooke, la localité de
Cookshire est bâtie à flanc de coteau en bordure de la rivière Eaton
qui, au plus fort de l'été, se réduit parfois à un filet d'eau. La
région est agricole, mais moins riche et moins fertile que celle qui
s'étend au sud, vers Coaticook et Ayer's Cliff.

Cookshire date de 1795. Elle ressemble à toutes les nombreuses
petites localités fondées par des loyalistes ou par des colons britanniques et qui donnent à l'Estrie — on disait les Cantons de l'Est,
il n'y a pas si longtemps — sa physionomie distincte de celle
des autres régions du Québec. Le style de l'architecture dominante
et l'aménagement de l'environnement rappellent à s'y méprendre
les Etats de la Nouvelle-Angleterre.

Le village de Cookshire vit de petites industries et d'un peu
d'agriculture. Il possède une remarquable église anglicane et de
belles maisons plus que centenaires. L'ancien pont couvert,
construit en 1835 par quelques fermiers de l'endroit, a été restauré.
Inutilisé depuis longtemps, il est maintenant placé à côté de
l'ouvrage moderne de béton et d'acier qui franchit la rivière Eaton.
On trouve d'ailleurs dans les environs plusieurs ponts couverts et
de beaux moulins à eau restaurés, des ouvrages qui ont survécu
aux éléments naturels et à la destruction. Construits jadis dans
le style de ceux qui existaient aux Etats-Unis, les ponts couverts
étaient encore nombreux dans la région de l'Estrie, il y a trente
ou quarante ans seulement.

Les femmes de Cookshire et des environs cuisent encore leur
pain à l'occasion, selon des recettes familiales. Ce qui a donné
naissance, depuis quelques années, à la principale attraction
estivale du village: le Festival du pain, qui se tient vers la mi-juin.
L'événement attire bien des curieux. Ce jour-là, les femmes de
Cookshire confectionnent une grande variété de pains et le festival
se termine toujours par un souper campagnard.

Le goût du pain de jadis

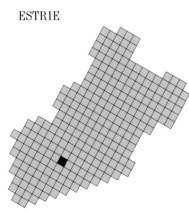

MONT ORFORD

Au cœur du parc du Mont-Orford. Une réputation sans commune mesure avec ses modestes dimensions de 4 000 ha. *(Ci-dessus)*

Plaquer des accords en harmonie avec la nature. Le centre d'Art du Mont-Orford est devenu le camp de base des Jeunesses musicales du Canada. *(A droite)*

Situé à proximité des petites villes d'Eastman et de Magog, à environ 120 km au sud-est de Montréal, le parc du Mont-Orford couvre à peine 4 000 ha. S'il est de ce fait l'un des plus petits parcs provinciaux, il n'en est pas moins très fréquenté des adeptes du plein air, du ski et de la raquette. En son centre s'élève un imposant massif d'origine volcanique qui culmine à près de 900 m. C'est sur le versant sud de ce mont que se trouvent la plupart des pistes de ski alpin, une vingtaine en tout, qui convergent vers une sorte de petite vallée centrale. La station de sports d'hiver n'est qu'à quelques minutes de route du fameux centre d'Art du Mont-Orford.

Tous les mélomanes du pays, les jeunes que la musique inspire ou simplement les amateurs du dimanche, se sont arrêtés un jour ou l'autre à cet endroit privilégié où, depuis plus de trente ans, des artistes du monde entier viennent se produire.

De la simple tente de toile des débuts aux édifices modernes et harmonieux du centre d'Art actuel, que de chemin parcouru ! Durant l'été 1983, par exemple, plus de soixante concerts eurent lieu, soit au centre même, soit dans diverses localités environnantes de l'Estrie ; trois cents étudiants suivaient des cours dans plusieurs disciplines musicales et le public en général pouvait fréquenter les stages d'interprétation musicale.

A un solide programme musical de base s'est ajouté, surtout au cours des dernières années, un éventail d'activités variées : ateliers de créateurs visuels en résidence tels les potiers, sculpteurs, peintres, dentellières et céramistes ; conférences, expositions de livres d'art, sculptures et tapisseries, photographies, etc. Par la relation vivante, chaleureuse, qui ne manque pas de s'établir entre les artisans et les visiteurs les plus réceptifs, le centre d'Art joue un rôle de médiateur dans le renouveau des arts traditionnels au Québec. C'est également ici, en plein cœur du parc provincial du Mont-Orford, que les Jeunesses musicales du Canada ont établi leur camp de base.

Le renouveau des arts

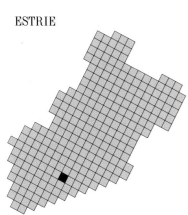

SAINT-BENOÎT-DU-LAC

Tendez l'oreille, c'est sûrement dimanche aujourd'hui. Les murs du couloir répercutent les échos des chants grégoriens. *(Ci-dessus)*

Sur un vaste promontoire boisé, l'abbaye de Saint-Benoît-du-Lac. La sereine beauté d'un paysage d'une exceptionnelle ampleur. *(A droite)*

En route vers ce lieu de prière et de recueillement, sur la rive haute du lac Memphrémagog — la rive ouest —, une halte au hameau d'Austin, au pied du mont Chagnon, permet de découvrir un paysage d'une ampleur et d'une beauté exceptionnelles. Au nord, on aperçoit Magog et les montagnes d'Orford ; vers le sud, ce sont les lointains sommets du Vermont, à l'extrémité de l'immense plan d'eau de quelque 60 km de longueur du lac Memphrémagog.

Situé à la croisée de quatre routes, Austin compte aujourd'hui un millier d'habitants. Plusieurs d'entre eux gèrent des exploitations agricoles dont l'origine remonte à la colonisation loyaliste du début du XIXe siècle.

Construite en 1912 sur un vaste promontoire boisé à 3 km d'Austin, Saint-Benoît surplombe une grande partie du lac Memphrémagog. Abbaye bénédictine de la congrégation de Saint-Pierre-de-Solesmes, les bâtiments sont de style Dom Bellot. Ils ont été plusieurs fois agrandis et modernisés depuis la fondation. Aujourd'hui, une soixantaine de religieux vivent là, exploitant un vaste domaine agricole qui s'incline, en pente douce, jusqu'aux grèves du lac. Les moines produisent toute leur nourriture, vendent des fruits et des légumes selon la saison, et des fromages dont la renommée n'est plus à faire : ermite, saint-benoît et ricotta. Le public peut assister aux offices chantés en grégorien, principalement le dimanche, et les moines offrent un service d'hôtellerie pour les hommes et les femmes, mais séparément.

Saint-Benoît-du-Lac est au centre d'une région particulièrement attachante, aussi bien l'hiver que l'été, tant par la sereine beauté de ses paysages que par ses attraits touristiques. Magog, avec ses petites auberges, ses antiquaires, ses bistros et ses restaurants, n'est qu'à 16 km environ ; quant au lac Brome, l'un des plus beaux endroits de villégiature de l'Estrie, il se trouve à une vingtaine de kilomètres plus à l'ouest.

La colline de la sérénité

ESTRIE

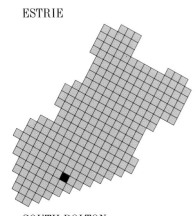

SOUTH-BOLTON

Détail du sous-bois le long de la rivière Missisquoi Nord. Tout ce qui brille n'est pas or. *(Ci-dessus)*

South-Bolton, un coin d'Estrie aux horizons infinis donnant sur les montagnes du Vermont. *(A droite)*

Un hameau d'environ 400 habitants, blotti dans une étroite vallée que dominent les monts Sutton et Bunker Hill, South-Bolton est situé à l'ouest du grand lac Memphrémagog. La région elle-même est très peu peuplée, accidentée et boisée, aux horizons infinis donnant sur les montagnes du Vermont. Le sol, principalement pierreux, est moins favorable à la culture que celui qui s'étend des limites de Magog à la pointe de Saint-Benoît-du-Lac, dans la partie nord-ouest bordant le lac.

South-Bolton, à 16 km au sud d'Eastman et à 32 km de Magog, est établi le long de la rivière Missisquoi Nord. Représentatif des petites mais très anciennes communautés anglophones de ce coin de l'Estrie, le village possède une haute église blanche, de style très simple, devenue trop vaste pour le nombre réduit de paroissiens qui la fréquentent. Des maisons coquettes entourées de grands arbres, un garage et un ou deux magasins généraux complètent le décor typique... A bien peu de choses près, South-Bolton ressemble aux villages des environs : Vale-Perkins, Knowlton-Landing, Millington, Fitch-Bay, Glen-Sutton, entre autres.

Bolton tire probablement son nom de celui d'une très vieille commune rurale du Lancashire, à environ 16 km de Manchester, en Angleterre. Tout comme Henryville, Frelighsburg, Highwater, Sawyerville, Georgeville et Sutton, Bolton fut fondé par les premières vagues d'immigrants loyalistes venus s'installer dans cette région dès les premières années du XIXe siècle. Des descendants de loyalistes américains vivent encore dans la région du lac Memphrémagog. Puis vinrent les colons britanniques. A une époque où toute cette vaste région qu'on nomme aujourd'hui l'Estrie était pratiquement inhabitée, les loyalistes furent les premiers défricheurs du sol et y laissèrent une forte empreinte. Ce sont eux qui mirent péniblement en valeur les terres cultivables, établirent des écoles, des scieries et des moulins à farine sans lesquels aucune communauté ne pouvait subsister.

A l'horizon des montagnes

ESTRIE

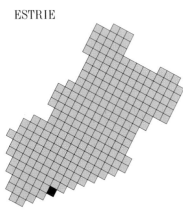

MANSONVILLE

Ménager sa monture à l'ultime halte avant ce qu'on appelle « les Etats ». *(Ci-dessus)*

L'éveil de la nature à un matin d'Estrie. Toute la nostalgie et toute la puissance évocatrice propres aux rêves d'évasion. *(A droite)*

Le Vermont n'est qu'à quelques kilomètres plus au sud et l'influence des Etats de la Nouvelle-Angleterre est partout visible à Mansonville. De fait, ce petit village agricole et forestier d'environ 1 600 habitants a été fondé jadis par des loyalistes américains. Il est typique de cette région frontalière du Québec et des Etats-Unis : l'indispensable magasin général, les églises peintes en blanc et noir, l'architecture des résidences.

A l'instar de Beebe, Stanstead ou Rock-Island, Mansonville est une de ces localités mi-américaines mi-canadiennes tant par l'histoire que par les habitudes de vie. Avec Highwater, elle constitue l'ultime halte avant ce qu'on appelle « les Etats ». On y regarde la télévision américaine, on va de l'autre côté de la frontière rendre visite à des parents ou des amis, faire des courses, passer des vacances ou même travailler.

En plein cœur d'une région montagneuse et densément boisée, Mansonville fut naguère un centre forestier plus important, à une époque où de nombreuses scieries travaillaient pour une clientèle tant locale qu'américaine. Toutefois, les coupes abusives et la diminution progressive des marchés entraînèrent la disparition des entreprises de sciage qu'on rencontrait tout le long de la frontière jusqu'au lac Mégantic.

Mansonville est une localité qui vit surtout l'hiver, à cause de la proximité de deux stations de sports d'hiver, Owl's Head et Mont Glen, fréquentées surtout par des familles, des jeunes de l'Estrie et de la région montréalaise. Le célèbre Jay Peak, lui aussi, quoique dans l'Etat du Vermont, est tout proche. Mont Glen, à mi-chemin de Mansonville et de Knowlton, à 105 km de Montréal, est la station des skieurs moyens et des débutants, principalement à cause d'une faible dénivellation qui dépasse à peine les 300 m. Owl's Head, par contre, est l'un des plus importants centres de l'Estrie par le nombre de pistes disponibles, les équipements de remontée et les installations d'accueil. Et pour ceux qui veulent se griser de vastes panoramas, du sommet de la station on découvre le lac Memphrémagog et les montagnes du Vermont.

En face, c'est l'Amérique

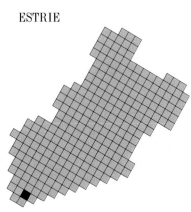

ESTRIE

FRELIGHSBURG

Derrière son rideau de saules pleureurs, le vieux moulin (restauré) de Frelighsburg attendant, dirait-on, des sacs de blé à moudre qui ne viendront jamais plus. *(A droite)*

Situé à proximité de la frontière américaine, à environ 40 km au sud de Granby, Frelighsburg est un vieux village de 400 âmes à peine. A l'époque de sa fondation, aux débuts de l'établissement des loyalistes américains, il s'agissait d'un bourg à vocation agroforestière. Ces loyalistes, comme dans la plupart des localités situées à l'est de la baie Missisquoi, étaient d'origine hollandaise et venaient des environs de New York. Un témoin oculaire mentionne qu'en 1813 Frelighsburg comptait « 17 maisons, des moulins, des bâtiments divers et 225 habitants ». C'est dire que la population n'a guère augmenté depuis, bien que le village ait eu, au début du siècle, plus d'importance régionale qu'aujourd'hui. Les loyalistes s'établirent le long de la rivière aux Brochets (Pike River) où ils bâtirent des moulins à farine, à carder la laine, des scieries. Ils introduisirent aussi la culture de la betterave et des céréales, mais sans grand succès.

Les environs immédiats de Frelighsburg étaient alors beaucoup plus densément boisés qu'ils ne le sont à présent. Le défrichage, les coupes de bois intensives et désordonnées donnèrent naissance aux prairies, qu'on voit principalement au sud et à l'ouest du village, le long de la rivière aux Brochets et de part et d'autre de la route qui mène au Vermont. La culture de la pomme est aujourd'hui la base de la production agricole.

L'église anglicane, qui remonte au XIXe siècle, est typique de l'architecture religieuse de l'époque, largement empruntée elle aussi à ce qui se faisait en Nouvelle-Angleterre. Quant au vieux moulin à farine que l'on découvre derrière un grand rideau de saules pleureurs, il a été restauré au cours des dernières années par des intérêts privés.

Ceux que l'histoire locale intéresse peuvent s'arrêter au musée de la Société d'histoire du comté de Missisquoi, au village voisin de Stanbridge, ou encore à Eccles-Hill. Là, un monument rappelle que la milice canadienne repoussa en 1870 un groupe d'envahisseurs fenians venus du Vermont.

Une saveur néo-anglaise

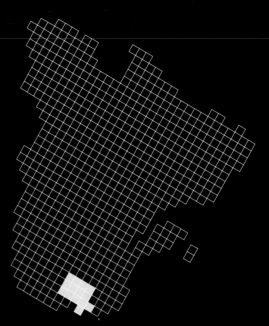

Voici une région géographiquement très variée, dont l'unité est en quelque sorte brisée par le cours du Saint-Laurent. Elle englobe, administrativement, le secteur en forme de grand cap de Vaudreuil-Soulanges que bordent au sud le fleuve et au nord le lac des Deux-Montagnes.

La partie explorée ici suit la vallée champêtre et romantique de la rivière Richelieu. Chargée d'histoire aussi, car la rivière vit le passage des armées, des explorateurs et des immigrants. Ce fut sur ses bords, à Saint-Ours, à Saint-Charles, à Saint-Denis, villages campés au milieu des vergers et des riches domaines agricoles, qu'éclata la révolution avortée de 1837. De Sorel à la tête du lac Champlain, il y a environ 130 km.

Durant la belle saison, la vallée de la rivière Richelieu voit s'épanouir une foule d'activités culturelles, artistiques et sportives. De bien gentilles auberges et des tables de qualité attirent aussi une clientèle de week-end chic, amoureuse de l'eau, des jardins et de la douceur des paysages.

Richelieu/Rive-Sud

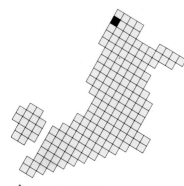

ÎLES DE SOREL

L'archipel de Sorel. Des îles basses bordées de jonchaies et couvertes d'une végétation abondante. *(Ci-dessus)*

A Sorel, ville industrielle et port actif au confluent du Richelieu et du Saint-Laurent. *(A droite)*

L'archipel de Sorel et du lac Saint-Pierre est un domaine sauvage d'une fascinante variété qui s'étend sur plus de 30 km de long. En tout, pas moins d'une centaine d'îles, depuis l'île aux Foins, face à la petite ville de Tracy, jusqu'à l'embouchure des rivières Yamaska et Saint-François. Les unes sont très vastes, comme les îles Madame et de Grâce, les autres sont, au contraire, minuscules. Certaines îles sont marécageuses et basses, bordées de jonchaies et couvertes d'une abondante végétation. Et tout cela est entrecoupé de baies profondes, de minces cours d'eau, de chenaux évasés ou tellement étroits et encombrés d'herbes qu'on ne peut y circuler que dans des barques à fond plat. Les deux seules îles accessibles par la route sont l'île aux Fantômes et l'île d'Embarras, où subsistent encore de pittoresques vieilles maisons.

De la mi-avril à la mi-novembre, les îles et les chenaux deviennent le refuge d'un grand nombre d'oiseaux migrateurs tels les canards, les bernaches, les goélands, les hérons et les poules d'eau. Dans les eaux, on pêche surtout le brochet, le doré, la barbotte et, occasionnellement, l'esturgeon. Quelques restaurants typiques, installés dans les îles depuis de longues années, offrent une sorte de ragoût de poisson appelé « gibelotte », dont la composition peut varier d'un établissement à l'autre.

Sorel, ville industrielle de près de 20 000 habitants, se trouve au confluent de la rivière Richelieu et du Saint-Laurent, juste à 100 km de Montréal. Elle doit son nom à Pierre de Saurel, capitaine du régiment de Carignan-Salières, qui fit construire le fort Richelieu en 1665. Ce fort a disparu depuis longtemps. Par la suite, la seigneurie passa aux mains de Claude de Ramezay et, plus tard, les autorités britanniques changèrent son nom pour celui de William Henry. Sorel reprit définitivement son nom d'origine en 1845 et obtint le statut de ville en 1889.

Très tôt, cette localité de la Rive-Sud devint une importante halte entre Québec, Montréal et, plus au sud, la région américaine du lac Champlain. Le port et les chantiers de construction navale s'y développèrent surtout à partir de 1850 et la population augmenta rapidement.

Un fascinant domaine sauvage

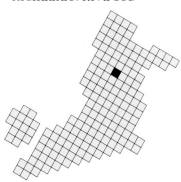

SAINT-DENIS

Une première halte sur le
chemin des Patriotes.
(Ci-dessus)

Saint-Denis. Un modelé
harmonieux rappelant le
charme des pays de la Loire.
(A droite)

Au cœur de cette vallée de la rivière Richelieu qui, par la douceur et le modelé harmonieux des paysages, ressemble un peu aux pays de la Loire, Saint-Denis est la première halte, le début de ce qu'on appelle le chemin des Patriotes. Il s'agit d'une succession de très beaux villages d'ancienne colonisation qui furent le foyer des soulèvements de 1837 contre le Régime britannique. Dans ce bourg historique dont les élégantes maisons de pierre s'alignent face à la rivière, à l'ombre des grands rideaux d'arbres, un « hommage aux Patriotes » a lieu chaque année, généralement le 25 novembre. Un peu en arrière de Saint-Denis s'étendent de riches érablières qui produisent un sirop réputé dans toute la vallée. Au cours des événements de 1837-1838, les Patriotes remportèrent ici une victoire rapide contre les troupes gouvernementales. Le 23 novembre, deux jours avant la bataille de Saint-Charles, le docteur Nelson et quelques centaines d'hommes se retranchèrent autour d'une vaste maison. Après une lutte de six heures, les cinq compagnies du colonel Gore durent battre en retraite vers Sorel, abandonnant armes et bagages. Le village, toutefois, fut incendié un an plus tard.

L'église paroissiale, construite en 1796 et restaurée en 1922, abrite des peintures de grande valeur. Ses dimensions et son aménagement intérieur témoignent de l'importance du lieu de culte en milieu rural : c'était alors l'unique endroit public où les villageois pouvaient se réunir commodément.

Aujourd'hui, Saint-Denis est une petite communauté agricole prospère de 900 habitants environ, construite dans l'ancienne seigneurie concédée en 1694 à un certain Louis de Gannes. Un bac traverse la rivière et mène au village voisin de Saint-Antoine, patrie de Georges-Etienne Cartier qui fut en son temps Premier ministre et l'un des Pères de la Confédération. L'été, des excursions commentées sont offertes aux visiteurs qu'intéressent l'histoire et l'architecture locales.

Sur le chemin des Patriotes

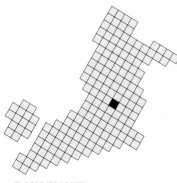

ROUGEMONT

Sur les pentes de la montagne de Rougemont. *(Ci-dessus)*

Des airs de fête à la Rougemont. Plus beau que des boules de Noël et des guirlandes. *(A droite)*

Chaque année, vers la mi-mai, la plaine qui ondule doucement au pied de la montagne de Rougemont devient subitement un océan de fleurs. Plus d'une centaine de vergers sont en pleine floraison en même temps. Le festival annuel des pommiers en fleur a d'ailleurs lieu à cette époque.

Située à une quarantaine de kilomètres à l'est de Montréal, à la limite des comtés de Rouville et de Saint-Hyacinthe, la montagne de Rougemont culmine à environ 400 m et protège une longue vallée où se succèdent les pommeraies jusqu'à Saint-Paul-d'Abbotsford. Cette charmante localité, entre la plaine de Marieville et les rives de la rivière Yamaska, faisait partie d'une riche seigneurie concédée en 1748 au fils du seigneur de Vaudreuil. En 1811, une partie de la seigneurie changea de mains. Ce territoire fertile comprenait plusieurs paroisses telles que Rougemont, Saint-Paul-d'Abbotsford, Saint-Pie, L'Ange-Gardien, Saint-Césaire et une enclave de Saint-Damase. Rougemont fut alors subdivisé en rangs aux noms pittoresques : le rang du Cordon, le rang de la Montagne, le rang double de Sainte-Marie, les rangs Caroline et Petite-Caroline. Les premiers colons étaient francophones, mais, dès le début du XIXe siècle, Rougemont se peupla d'immigrants loyalistes.

Les pommiers innombrables de Rougemont témoignent de la richesse de ce coin de pays particulièrement favorable aux cultures fruitières et maraîchères. L'habitude d'installer des étals au bord des routes date de fort longtemps. Ces comptoirs ambulants apparaissent en septembre, après la récolte des pommes, mais certains sont ouverts en permanence. Au mois d'août, le village de Rougemont prend des airs de fête lors du Festival de la pomme, et le Centre d'interprétation de la pomme renseigne les curieux sur la culture et les produits dérivés de ce fruit.

Un peu à l'écart du village, l'abbaye cistercienne Notre-Dame-de-Nazareth, fondée en 1932 par des moines français venus des îles de Lérins, au large de Cannes, exploite un verger de plus de 5 000 pommiers. Le public est admis à la chapelle, à l'hôtellerie et à l'entrepôt où les moines vendent pommes et cidre.

Pommiers en fleur en fête

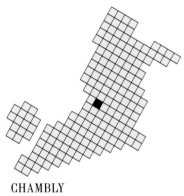

CHAMBLY

Chambly, une histoire marquée par sa situation admirable sur la rivière Richelieu. *(Ci-dessus)*

Hier au carrefour des axes de communication, aujourd'hui banlieue résidentielle en plein développement sur la rive sud du Saint-Laurent. *(A droite)*

Avec une population de plus de 15 000 habitants, Chambly est l'une des municipalités de la rive sud du Saint-Laurent qui se développent le plus rapidement. Son caractère résidentiel et touristique, sa situation admirable sur la rivière Richelieu, en font depuis quelques années une banlieue des plus recherchées.

L'histoire de Chambly a été influencée par la présence de rapides sur la rivière. C'est là que, dès le milieu du XVIIe siècle, il fut décidé de construire un fort. Toutefois, cette grande voie de pénétration naturelle vers le sud ne joue plus aujourd'hui son rôle commercial de jadis. L'évolution des moyens de transport commerciaux et la modification des axes de communication ont précipité son déclin au profit de la grande zone montréalaise. La vallée de la rivière Richelieu se tourne maintenant vers le tourisme et la récréation de plein air, quoique sa vieille vocation agricole, à cause de la richesse des terres riveraines, n'ait jamais été démentie.

Samuel de Champlain explora cette vallée dès 1609. Le fort Saint-Louis, qui assurait l'accès vers le sud, fut construit en 1665 par Jacques de Chambly, capitaine au régiment de Carignan-Salières. Parallèlement, une route fut construite le long de la rivière, mais la colonisation de cette région demeura longtemps difficile.

En 1843, il devint nécessaire de construire le canal de Chambly afin de faciliter la navigation. De fait, le canal favorisa grandement l'activité commerciale, principalement vers la fin du siècle dernier. Aujourd'hui, supplanté par les routes et le chemin de fer, le canal est surtout fréquenté par des embarcations de plaisance.

Pendant toute une époque, la puissance des rapides favorisa l'implantation d'entreprises utilisant la force naturelle du courant, puis, plus tard, l'électrification de certaines usines.

Le vieux fort date des guerres iroquoises. Avec ses dépendances, il constitue le parc historique national du Fort-Chambly. Sa restauration récente et son réaménagement intérieur nous le montrent tel qu'il était en 1750. En outre, des circuits culturels dits « du patrimoine » proposent des promenades dans les quartiers du Vieux-Chambly.

Au carrefour de l'histoire

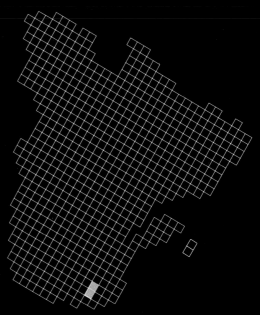

C'est un immense navire ancré au beau milieu du Saint-Laurent. L'île. Notre île. Montréal...

Les grands découvreurs, de Cartier à Maisonneuve, comprirent vite qu'entre le fleuve et le mont Royal se trouvait un site exceptionnel où bâtir une ville. Ce fut longtemps une bourgade, vivant de la traite des fourrures et de l'administration de la colonie. Puis, à partir du début du XIXe siècle, le développement s'accéléra : 40 000 âmes en 1832 ; plus de 300 000 à la fin du siècle dernier. Montréal, aujourd'hui, est la deuxième agglomération urbaine en importance au Canada et la deuxième ville française au monde après Paris. Le regroupement de vingt-neuf municipalités voisines, amorcé en 1970, a créé une communauté urbaine de quelque 2 800 000 habitants disposant d'une excellente structure routière, de deux grands aéroports, d'un métro souterrain et d'un bon service de transport en surface.

Au cours des dernières années, de profonds changements difficilement prévisibles ont créé une situation nouvelle et Montréal cherche son second souffle. Toutefois, avec ses ressources culturelles et éducatives, son infrastructure touristique, sa situation privilégiée au carrefour de deux mondes, son grand port sur le Saint-Laurent et ses services, Montréal détient tous les atouts pour un nouveau bond en avant.

Montréal

MONTRÉAL

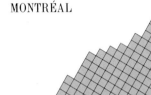

PARC DU MONT-ROYAL

Sur le versant du parc, insolite composition géométrique du cimetière sur thème de paix. *(Ci-dessus)*

Au cœur de la ville, une bouffée d'air pur. Il est six heures, Montréal s'éveille. *(A droite)*

Avec ses quelque 90 000 arbres et ses pelouses, le parc du Mont-Royal offre plus d'espaces verts que n'importe quel autre parc municipal de Montréal. Ce qui le rend plus précieux encore c'est que beaucoup de ces arbres ont été plantés depuis une vingtaine d'années seulement et sont encore en période de croissance. Le feuillage, abondant et sain, attire plus qu'ailleurs des quantités d'oiseaux et d'écureuils.

Il y a une douzaine d'années, le parc fut agrandi par l'addition de terrains faisant partie du cimetière du Mont-Royal. Quelques parcelles de terre situées aux limites des villes d'Outremont et de Westmount pourraient éventuellement être acquises dans les années à venir. La principale raison en est qu'il ne reste plus tellement d'espaces verts susceptibles d'être développés. Mené parallèlement au reboisement qui y est fait régulièrement, tout agrandissement du parc du Mont-Royal renforcerait l'une de ses principales fonctions : fournir toujours plus d'air pur au cœur d'une grande ville où la pollution atmosphérique reste menaçante.

Si les Montréalais peuvent aujourd'hui profiter d'un parc magnifique, ils le doivent en bonne partie à un architecte paysagiste américain, Frederick Law Olmsted, qui, il y a plus d'un siècle, cherchait déjà à préserver la qualité de l'environnement. Olmsted était un partisan de la nature. Selon lui, l'aménagement d'un parc ne devait altérer en rien la beauté champêtre. Comme dans le cas du Central Park de New York, il dut défendre son projet du Mont-Royal contre ceux qui désiraient l'agrémenter d'éléments les plus hétéroclites. Le parc du Mont-Royal fut officiellement inauguré en mai 1876, mais déjà les gens pouvaient aller s'y promener avant cette date. Les travaux d'agrandissement et d'embellissement, la construction de divers bâtiments et de routes d'accès se poursuivirent longtemps après, mais les idées fondamentales d'Olmsted furent toujours respectées. Seule entorse : les aménagements indispensables, comme le chalet et l'esplanade panoramique, d'ailleurs prévus dès la fin du siècle dernier, furent construits au début des années 30.

L'air pur au cœur de la ville

MONTRÉAL

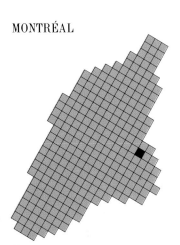

ÉGLISE NOTRE-DAME

Illusion d'optique ? Reflet de l'histoire ? L'église Notre-Dame, hier s'harmonisant avec aujourd'hui. *(Ci-dessus)*

Des motifs sculptés, des ors à profusion, et pourtant une extraordinaire impression d'équilibre et d'harmonie. *(A droite)*

En plein cœur du Vieux-Montréal, l'église Notre-Dame est, avec l'oratoire Saint-Joseph et la cathédrale Marie-Reine-du-Monde, l'un des trois monuments historiques les plus fréquentés des touristes, des pèlerins étrangers et, bien sûr, des Montréalais. C'est aussi l'un des premiers édifices importants de l'ancienne Ville-Marie, embryon de Montréal, dont les rues Notre-Dame et Saint-Paul furent pendant longtemps les principales artères.

Jusqu'en 1670 environ, la chapelle de l'Hôtel-Dieu de Jeanne Mance, desservie par les jésuites puis par les sulpiciens, répondait tant bien que mal aux besoins du culte. En 1683, une église plus vaste fut inaugurée. Beaucoup plus tard, vers 1820, alors que la population de Montréal atteignait quelque 22 000 âmes, cette église elle-même devint trop petite : beaucoup de fidèles devaient entendre la messe dans la rue ! L'église actuelle, une basilique construite d'après les plans d'un architecte irlandais qui s'inspira de Notre-Dame de Paris, fut terminée en 1829. Cependant, les deux tours latérales ne devaient être érigées qu'en 1841 et 1843. Celle de l'est, dite de la Tempérance, abrite un carillon de dix cloches, tandis que dans la tour de la Persévérance, à l'ouest, se trouve le « gros bourdon » pesant plus de 12 t.

La façade de la basilique est moins richement historiée que celle des grandes cathédrales européennes, mais l'intérieur est d'une surprenante beauté. Avec ses ors, sa profusion de motifs sculptés, ses colonnades peintes, ses tableaux et vitraux flamboyants, l'ensemble est sans lourdeur. Il s'en dégage une extraordinaire impression d'équilibre et d'harmonie.

Se détachant sur un ciel bleu très clair, délicatement éclairé, le maître-autel, réalisé en 1875, rassemble un grand nombre de personnages sculptés dont six magnifiques statues polychromes. La chaire de bois sculpté est unique au Canada et les quatorze vitraux à thème historique et religieux furent exécutés à Limoges, en France, d'après les cartons de l'artiste Jean-Baptiste Lagacé. Située en arrière de l'autel, la chapelle du Sacré-Cœur avait été détruite par un incendie en décembre 1978. Elle a été reconstruite depuis, dans un style architectural plus contemporain.

Tempérance et persévérance

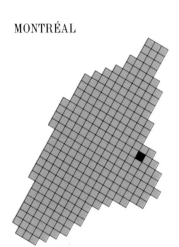

PLACE D'ARMES

Lambert Closse. Détail du monument à de Maisonneuve. *(Ci-dessus)*

Le roi, la reine et les curieux. Au pied de de Maisonneuve, les batailles qui se livrent à présent le sont aux échecs, passe-temps d'été sur la place d'Armes. *(A droite)*

C'est autour de cette place et, un peu plus au sud-ouest, autour de la place Royale, que la ville de Montréal s'est lentement développée. La place d'Armes est en fait considérée comme le « cœur historique » de la métropole. A cela, il y a deux raisons principales. C'est en tout premier lieu parce que près du site de l'actuelle place d'Armes le chevalier de Maisonneuve, fondateur et premier gouverneur de Montréal, repoussa une attaque iroquoise avec quelques dévoués compagnons. Mais c'est également ici, après la chute de Québec, qu'eut lieu la reddition des troupes françaises commandées par le marquis de Vaudreuil, le 8 septembre 1760.

La place d'Armes devint très tôt l'endroit le plus vivant du quartier commercial et résidentiel de Montréal. A proximité d'hôtels, de restaurants et de cafés fameux, avec son église Notre-Dame et les élégantes demeures des rues voisines, elle formait un remarquable ensemble architectural. D'anciennes gravures datant de 1882 montrent un joli quadrilatère clôturé d'une grille de fer ouvragé, avec des arbres, des pelouses, des massifs de fleurs et une haute fontaine au centre. Autrefois, on y avait érigé un buste de George III, roi d'Angleterre. Au cours de sa longue histoire, la place d'Armes servit souvent de lieu de rendez-vous à des groupements politiques et patriotiques. En 1895, la fontaine fut remplacée par le monument commémoratif de de Maisonneuve.

A partir du milieu du XIXe siècle surtout, des établissements bancaires, des compagnies d'assurances, des cabinets de notaires et d'avocats s'installèrent autour de la petite place. Aujourd'hui, des études d'avocats sont encore là, en raison de la proximité du palais de justice, mais la place d'Armes n'est plus le centre du quartier des affaires, en particulier à cause du déclin de la rue Saint-Jacques depuis une dizaine d'années. Banques et sociétés financières diverses ont essaimé dans d'autres districts montréalais. Ce qui n'empêche nullement les embouteillages provoqués par des calèches faisant le tour du Vieux-Montréal et les énormes autocars déversant là leurs cargaisons bariolées de touristes enthousiastes.

Le cœur de la métropole

MONTRÉAL

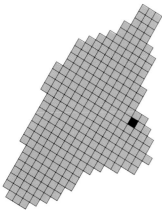

MARCHÉ BONSECOURS

Délicate dorure au fronton de la chapelle. Faites un vœu en passant par là. *(Ci-dessus)*

Le marché Bonsecours avec son dôme argent. Une histoire plutôt mouvementée. *(A droite)*

Très différent dans son apparence générale lorsqu'il servait effectivement de marché, le marché Bonsecours eut une histoire plutôt mouvementée. Ce bel ensemble de pierre de taille occupe un vaste emplacement sur le côté sud de la rue Saint-Paul, dans le Vieux-Montréal, à deux pas de la chapelle Notre-Dame-de-Bonsecours. A cet endroit s'élevait jadis le palais de l'Intendance, bâti en 1698 pour servir au personnel administratif et au logement de l'intendant lorsque celui-ci se rendait de Québec à Montréal.

Au début du XIXe siècle, le Masonic Hall, puis le British American Hotel et le Théâtre Royal occupèrent le site de l'édifice actuel. En août 1844 eut lieu la dernière représentation du Théâtre Royal. Ce dernier fut démoli et la ville de Montréal acquit le lotissement sur lequel il se trouvait, ainsi que l'emplacement du British American Hotel, incendié l'année précédente. Un premier projet de marché aux poissons ne fut pas retenu. Finalement, la ville décidait en 1845 de faire construire le magnifique bâtiment inspiré du style néo-classique américain — l'architecte, William Footner, était lui-même américain — qui prit plus tard le nom de marché Bonsecours.

Par la suite, le nouvel édifice, situé dans une rue très commerçante de Montréal, devait servir d'hôtel de ville. Le conseil municipal y siégea pour la première fois en janvier 1852 et les parlements du Haut-Canada et du Bas-Canada y tinrent plusieurs assemblées après l'incendie des locaux de la place d'Youville par des émeutiers. Le conseil municipal cessa de s'y réunir dès 1878 et le bel édifice devint un marché général très achalandé jusqu'en 1964. Le dôme est relativement récent : détruit lors d'un incendie en 1976, il fut remplacé l'année suivante.

Aujourd'hui, l'édifice est utilisé par l'administration municipale, en particulier par les services des finances, de l'informatique et de l'urbanisme. Contrairement à ce que semblent croire beaucoup de touristes, on ne « visite » pas le marché Bonsecours comme on visiterait, par exemple, le musée des Beaux-Arts ou encore la Place Ville-Marie.

Une histoire mouvementée

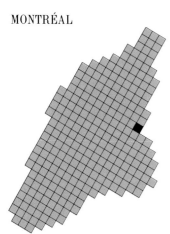

LE PARC OLYMPIQUE

Fleuron du parc Olympique, le stade aux lignes raffinées, symbole de la contribution de Montréal à la grande fête de la fraternité universelle. *(Ci-dessus)*

Le grain olympique est tombé en terrain fertile à Montréal. Témoin, l'énorme foule des marathoniens passant par le pont Jacques-Cartier. L'essentiel n'est pas de gagner mais bien de participer. *(A droite)*

Les jeux de la XXIe Olympiade, disputés en terre canadienne, sont déjà chose du passé, mais le parc Olympique, lui, demeure un lieu très fréquenté. On estime que depuis septembre 1976, près de 20 millions de personnes s'y sont rendues à l'occasion de toutes sortes d'activités tenues au stade — où les Expos ont élu domicile —, au vélodrome et dans les piscines. Urbanistes, architectes et spécialistes de disciplines sportives viennent encore des quatre coins du monde pour voir de près les installations conçues pour accueillir et loger plus de 6 000 athlètes.

C'était donc du 17 juillet au 1er août 1976. Avec son immense stade de conception audacieuse — dont le mât a alimenté tant de controverses! —, ses piscines, son vélodrome et diverses installations comme le centre sportif Maisonneuve et l'aréna Maurice-Richard qui existaient déjà, le complexe olympique accueillait les XXIe Jeux olympiques. Pour répondre aux exigences de cet événement mondial que 1 milliard de téléspectateurs suivirent jour après jour, il fallut construire tout un village olympique, achever le réseau routier de la métropole et prolonger une ligne de métro. Tout ce vaste domaine du parc Olympique est situé à l'intérieur du parc municipal Maisonneuve, acquis par la ville de Montréal en 1918.

Un service spécial d'accueil s'occupe des touristes et des visiteurs et leur propose une tournée des installations accompagnée de guides ou une journée d'activités au cours de laquelle ils peuvent pratiquer un sport, se baigner et déjeuner sur place. On leur explique en détail le cheminement du programme de construction avant les jeux, les techniques architecturales utilisées et la vocation particulière de chaque bâtiment.

Grâce aux deux stations de métro qui se trouvent à proximité et dont une — la station Pie-IX — débouche directement sur le stade, le parc Olympique est très facilement accessible. L'été, on va y pique-niquer, profiter du soleil ou faire une balade avec les enfants. L'hiver venu, les amateurs de plein air s'y retrouvent avec raquettes et skis de randonnée sous le bras.

Ce qui les fait tous courir

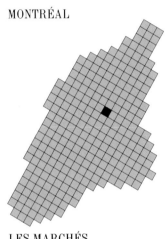

LES MARCHÉS

De tous les fruits d'automne, les plus beaux, les plus frais. *(Ci-dessus)*

Légumes frais et tomates mûries au soleil, directement de l'agriculteur au consommateur, sur la place du marché Jean-Talon. En prime, un contact humain chaleureux. *(A droite)*

Dans toutes les villes du monde, à commencer par les plus anciennes et les plus importantes, les marchés publics ont toujours été une sorte de lieu de rencontre privilégié, comme le parvis d'une église ou l'hôtel de ville. A Montréal, dès 1676, les cultivateurs des environs venaient vendre leurs produits sur l'ancienne place Royale — sa physionomie a changé, mais elle reste partie intégrante du Vieux-Montréal. Dès les premières années du XIXᵉ siècle, la place Jacques-Cartier devint un marché très achalandé, même après la construction du marché Bonsecours, sur la rue Saint-Paul est. Le marché de la place Jacques-Cartier était l'endroit favori du petit peuple de Montréal. Bruyant, coloré, entouré de tavernes, de restaurants bon marché, il était égayé par des chanteurs de complaintes, des violoneux, des camelots de toutes sortes et des charlatans qui passaient pour guérisseurs.

Les marchés publics, en plein air ou dans des locaux permanents, connaissent actuellement une vogue nouvelle. Cela tient au goût des gens de rechercher de plus en plus les produits frais, de flâner parmi les étals en quête de légumes, de fruits, d'œufs ou de fromages, de causer avec les producteurs agricoles. Cela tient aussi au fait que les autorités municipales ont décidé non seulement de redonner vie aux marchés mais de favoriser leur développement en octroyant plus d'espace aux commerçants et en modernisant les installations existantes.

Il y a maintenant à Montréal trois gros marchés permanents : Maisonneuve, Atwater et Jean-Talon, le plus important et le plus varié, et un marché où l'on vend aussi les produits en gros, le marché Central, au rond-point de l'Acadie. A cela s'ajoutent une quarantaine de petits marchés qui se tiennent occasionnellement près de certaines stations de métro. Fréquentés plus assidûment encore par des Montréalais d'origine italienne, grecque, portugaise ou proche-orientale, tous ces marchés auxquels participent des centaines de commerçants permettent aussi aux acheteurs de découvrir des produits nouveaux. En prime : la joie d'un contact humain plus chaleureux et le plaisir d'une causette.

Bruyants, colorés, chaleureux

MONTRÉAL

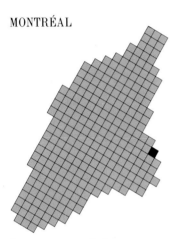

ÎLE SAINTE-HÉLÈNE

Feu d'artifice sur Terre des Hommes. Féerie d'une fête qui continue. *(Ci-dessus)*

Et hop et hop, au galop, au galop! L'aventure sur un cheval blanc, à la Ronde. Qui a dit que la musique du manège est aigrelette et que son rythme est monotone? *(A droite)*

Vaste parc fluvial ancré au beau milieu du Saint-Laurent, l'île Sainte-Hélène n'a rien à voir avec l'îlot solitaire et lointain où mourut Napoléon... C'est Samuel de Champlain qui lui donna tout simplement ce nom en l'honneur de sa jeune femme, Hélène Boulé. En 1657, l'île devint partie intégrante de la seigneurie de Longueuil et ce, jusqu'en 1818. A cette date, elle fut cédée, pour la somme de 65 000 $, au gouvernement britannique qui, redoutant une attaque venant du sud, y fit exécuter divers travaux de fortification. Ce n'est qu'en 1874 qu'elle devint accessible au public, après que le gouvernement du Canada en eut pris possession.

A la faveur d'Expo 67, la superficie de l'île fut plus que doublée lorsqu'on lui adjoignit l'île Ronde et l'île Verte, respectivement à l'est et à l'ouest, grâce à d'importants travaux de remblai. Tout comme l'île Notre-Dame, créée artificiellement et transformée en parc depuis les Floralies de 1980, l'ouest de l'île Sainte-Hélène et le secteur qu'on appelle la Ronde furent remodelés pour accueillir les installations de l'Exposition universelle. Après la fermeture de celle-ci, les îles devinrent un parc d'expositions et de présentations thématiques sous le nom de Terre des Hommes. Quelques pays étrangers — l'Iran, la Chine, l'Inde, la France, la Tchécoslovaquie, l'URSS, entre autres — conservèrent leurs pavillons durant un certain temps. Par la suite, les pavillons furent transformés ou simplement démolis. Le principal vestige d'Expo 67 sur l'île Sainte-Hélène reste la sphère géodésique qui fut le pavillon des Etats-Unis, énorme bulle tout près de la station de métro.

L'un des anciens forts de l'île abrite le Musée militaire de Montréal; un petit théâtre, La Poudrière, s'est aussi installé dans un autre des vieux bâtiments. Quant à la Ronde, elle a conservé intact son pouvoir de fascination. Certaines attractions qui firent sa popularité durant l'Exposition universelle, comme l'Aquarium, le lac des Dauphins, le fort Edmonton, le Village québécois, sont encore là. Mais ce sont surtout ses dizaines de manèges qui attirent chaque été des millions de visiteurs. Enfants et adultes viennent là se distraire et connaître les joies saines d'un tour en minitrain ou les émotions fortes d'une descente dans les montagnes russes.

L'île, le parc et la Ronde

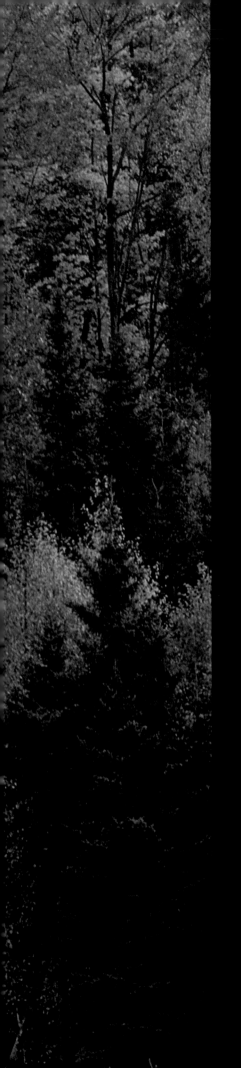

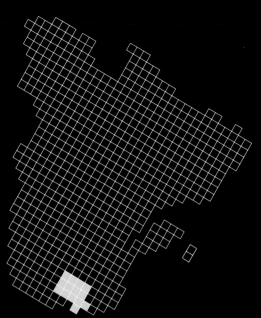

L'une cherche à aller là où l'autre est déjà arrivée :
De Lanaudière s'oriente vers le tourisme et la
récréation de plein air, alors que les Laurentides sont
déjà, été comme hiver, la grande région de villégiature
par excellence.

La première a tous les atouts : le pittoresque du
Saint-Laurent le long de l'ancien Chemin du Roy,
l'attrait des réserves fauniques de Joliette et de
Mastigouche et de l'immense lac Taureau, la beauté
des terres cultivées de la plaine fluviale entre
Mascouche et Saint-Barthélemi, la réputation de ses
érablières et de son tabac, la splendeur de ses
sites naturels.

L'autre récolte aujourd'hui les dividendes de
l'investissement des colons : là où il y a cent ans on
a péniblement bâti des villages sur une terre ingrate
prospèrent des centres touristiques, portant aux
quatre points cardinaux la réputation de Val-Morin,
Val-David, Sainte-Agathe-des-Monts, Saint-Jovite, pour
ne citer que ceux-là.

Tourisme, loisirs, sports d'été, sports d'hiver : la
prometteuse De Lanaudière et les belles Laurentides
attirent, séduisent, retiennent.

De Lanaudière,
Laurentides

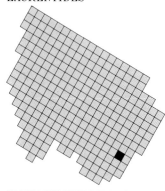

SAINT-JOSEPH-DU-LAC

C'est pourtant ici qu'on était venu se baigner... Aujourd'hui tout dort, et pour des mois. *(Ci-dessus)*

Printemps sur les pommiers de Saint-Joseph-du-Lac. *(A droite)*

A proximité du parc Paul-Sauvé et à une quarantaine de kilomètres seulement de Montréal, Saint-Joseph-du-Lac est une coquette communauté rurale de 2 200 habitants. Fondé en 1855 par des colons qui venaient des régions de Montréal et de la Basse-Gatineau, c'est l'un des villages agricoles les plus prospères des environs du lac des Deux-Montagnes. D'ailleurs, cette région, qui va de Saint-Eustache à l'ouest de Lachute, est l'une des plus fertiles du Québec. Les fermes d'élevage, les cultures fruitières et maraîchères en constituent précisément les principales ressources. Le pays est d'un relief peu accentué. La plaine cultivée alterne avec de longues collines, et de minuscules cours d'eau sillonnent les étendues boisées.

La majeure partie du village de Saint-Joseph est bâtie sur une colline de 130 m d'altitude à peine, d'où l'on découvre un panorama saisissant. Par temps clair, la vue porte jusqu'à Montréal, Vaudreuil, de l'autre côté du lac, les collines et le parc d'Oka. Ce parc public, avec ses plages de sable, est bien connu des amateurs de voile, de canotage et de baignade. L'hiver, on y fait du ski de randonnée et de la raquette. A Oka même, le monastère des trappistes reçoit les visiteurs, mais sur rendez-vous seulement. Les sept chapelles d'Oka, construites vers 1740 par un prêtre de la congrégation de Saint-Sulpice, constituent un chemin de croix conservé intact jusqu'à nos jours. Les trois chapelles principales sont groupées au sommet d'une colline et, chaque année, les gens des environs s'y rendent en procession.

Surnommé le « Royaume de la pomme » à cause des innombrables pommiers qu'on trouve sur les collines environnantes, le village devient absolument magnifique au printemps, quand les arbres sont en fleur. Un festival populaire, de la pomme naturellement, s'y tient chaque année, à la fin du mois d'août. Peu après, les vergers s'ouvrent au grand public et c'est à qui ira tout là-haut cueillir sur les branches les plus belles pommes. L'enjeu n'est pas tant d'économiser quelques dollars que de renouer avec le goût sain de la nature.

Au pays des pommiers

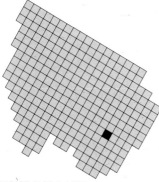

MONT-ROLLAND

C'est à Mont-Rolland, porte des Basses-Laurentides, que commencent toutes les grandes pistes de ski de randonnée. *(Ci-dessus)*

A Mont-Rolland. Tournez votre livre à l'envers. Et si c'était l'eau qui se mirait dans les arbres ? *(A droite)*

A mi-chemin de Saint-Jérôme et de Sainte-Agathe-des-Monts, sur l'autoroute des Laurentides, cette séduisante localité de 2 300 habitants est blottie dans un amphithéâtre de collines à proximité de la rivière du Nord. Colonisé dès les années 1840, un peu avant le grand mouvement migratoire vers les terres vierges des Laurentides, le site de Mont-Rolland fit d'abord partie de la paroisse de Sainte-Adèle. Comme dans bien d'autres paroisses de l'époque dans la région des Basses-Laurentides, les nouveaux arrivants tâchaient d'y vivre de l'exploitation forestière et d'une agriculture toute marginale. Une importante manufacture de papier fin vint s'y établir en 1902 et, seize ans plus tard, la municipalité de Mont-Rolland était officiellement créée. Par la suite, diverses annexions en doublèrent la superficie.

Centre résidentiel vivant aussi du tourisme saisonnier, Mont-Rolland met à la disposition des amateurs de plein air un parc régional bien aménagé en bordure de la rivière Doncaster et des kilomètres de pistes de ski de randonnée et de raquette. Chaque hiver, le Festival de ski de fond attire à Mont-Rolland une foule d'amateurs lors d'un mémorable week-end de festivités qui prend des allures de mini-carnaval des neiges.

Mont-Rolland, c'est également la porte des Basses-Laurentides. Une région qu'on n'épuise pas en un week-end, ni même en une saison. A proximité, une vingtaine de centres de ski alpin : les monts Avila, Saint-Sauveur, Habitant, Gabriel, Chantecler, Belle-Neige, Alta en particulier. Mais, depuis plus de soixante-dix ans, les Basses-Laurentides sont avant tout le paradis du ski de randonnée. C'est là que commencent toutes les grandes pistes, les célèbres Maple Leaf, Johannsen, Gillespie, Wizard et Fleur de Lys. Avec leurs nombreux embranchements et sous-embranchements, ces réseaux de pistes permettent de se rendre jusque dans l'Outaouais. Tout le massif des monts King, Condor, Plante constitue un endroit rêvé pour la marche, l'alpinisme et le camping en toute saison.

Le paradis du skieur

DE LANAUDIÈRE,
LAURENTIDES

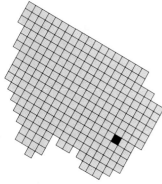

SAINT-JÉRÔME

Il est des maisons qui reflètent une âme. L'âme de Saint-Jérôme doit ressembler à celle-ci. *(Ci-dessus)*

La rivière du Nord, peu avant Saint-Jérôme. Une belle histoire qui se tisse quotidiennement entre la rivière et la ville. *(A droite)*

Saint-Jérôme a grandi au bord de la rivière du Nord. De fait, l'histoire de ce cours d'eau est aussi celle du développement des Laurentides, car très tôt on y établit des moulins à farine et à carder la laine. Puis ce furent des barrages hydro-électriques. Au sud de Saint-Jérôme, la rivière du Nord vire brusquement vers l'ouest pour aller grossir l'Outaouais près de Carillon.

Située à 48 km au nord de Montréal, cette localité industrielle est surnommée à juste titre « la porte des Laurentides ». Elle fut érigée en paroisse peu après 1830, à une époque où les conditions économiques particulièrement dures pour un grand nombre de Québécois suscitaient une forte émigration dans les Etats de la Nouvelle-Angleterre. Ce fut la fameuse époque du curé Antoine Labelle qui, d'ailleurs, mourut à Saint-Jérôme même en 1891. Son monument commémoratif se trouve dans le parc, face à la cathédrale. Toutes proportions gardées, il s'agissait d'une épopée de « colonisation » de terres pratiquement vierges. Dans les Laurentides, vers 1860, l'espace était quasiment inhabité une fois passé Sainte-Agathe. Le curé Labelle s'employa d'abord à explorer le territoire en vue de choisir les sites d'établissements éventuels. Il parvint ensuite à convaincre un gouvernement réticent à financer un projet de chemin de fer dans la région, projet qui finalement se réalisa vers 1880. Le « roi du Nord », comme on nommait familièrement le curé Labelle, fonda en tout une vingtaine de paroisses agricoles là où naguère ne régnait que la forêt.

En majeure partie ouvrière, la population de Saint-Jérôme — environ 28 000 habitants — vit surtout de petits commerces et d'industries. En outre, depuis 1822, une importante société y fabrique du papier fin. Elle est accessible aux visiteurs sur rendez-vous. Toutefois, les industries locales sont particulièrement fragiles depuis quelques années. Textiles, manufactures de vêtements, chaussures, etc., sont des domaines difficiles, et cette partie des Laurentides s'en ressent d'autant plus durement qu'elle bénéficie peu de l'impact du tourisme, contrairement au reste de la région.

La porte des Laurentides

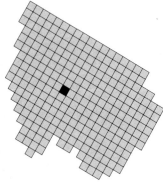

PARC DU MONT-TREMBLANT

Est-ce le son de la cloche qui
est ici plus cristallin, ou la
prière qui monte au ciel ?
(Ci-dessus)

Le parc du Mont-Tremblant, un
conservatoire de la nature. Le
vent qui passe dit évasion.
(A droite)

Le Québec est une région de grands espaces et, de ce fait, les zones protégées sont autant de conservatoires de la nature en liberté. Et pour notre bonheur, il est possible de se livrer à de nombreuses activités de plein air dans ces réserves. La superficie couverte par les trente-cinq parcs et réserves fauniques du Québec équivaut à quatre fois celle de la Suisse ! Le parc du Mont-Tremblant en est-il le plus vaste ? Non, mais avec ses 250 000 ha de hautes collines, de forêts, de lacs et de rivières, il est sûrement le plus fréquenté, avec le parc des Laurentides, par les Montréalais, les touristes des autres provinces et ceux venus de l'étranger.

Situé à 140 km au nord de Montréal, ce parc, que prolonge la réserve faunique Rouge-Matawin, est accessible par plusieurs endroits : Saint-Faustin, Labelle, Saint-Donat et Saint-Côme. Le secteur d'interprétation de la nature, fortement développé au cours des dernières années, englobe trois zones principales : rivière du Diable, Pimbina et L'Assomption. On peut y circuler toute l'année. Visites commentées, films et causeries sont présentés par des spécialistes du « patrimoine de la nature ».

Ce parc d'une grande beauté comprend 380 lacs, des cascades, de belles rivières, des ruisseaux, bref tout ce qui est propice à la baignade, à la voile, au canotage et à la pêche. Des sentiers de randonnée pédestre, des aires spéciales pour la pratique de la raquette, des pistes de ski de fond et de motoneige soigneusement balisées et entretenues sont à la disposition du public. Selon les sites, on fait du camping individuel ou de groupe. La pêche à la journée, très courue dans les parcs et réserves du Québec, est possible dans le parc du Mont-Tremblant, généralement sur tous les plans d'eau situés dans les zones d'ambiance et de récréation. Cette activité se pratique à gué, avec embarcation personnelle et, à certains endroits, avec les embarcations du ministère du Loisir, de la Chasse et de la Pêche.

Le parc du Mont-Tremblant est aussi la station de ski dont les sommets sont les plus élevés des centres de ski alpin du Québec.

La nature en liberté

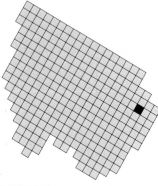

JOLIETTE

Des feuilles de tabac fraîchement coupées. Elles iront alimenter l'industrie de tabac implantée à Joliette. *(Ci-dessus)*

De belles et vastes exploitations agricoles et de coquettes maisons piquées dans le décor comme les pièces d'un jeu qui n'a pas encore commencé. *(A droite)*

A près de 75 km au nord-est de Montréal, Joliette est nichée dans une région vallonnée où les bois alternent avec de riches exploitations maraîchères et laitières. Communauté industrielle et commerciale de quelque 23 000 habitants, Joliette est aussi un important centre éducatif et culturel que fréquente une population éparpillée dans de nombreux villages depuis la rive nord du Saint-Laurent jusqu'aux limites du parc du Mont-Tremblant et de la réserve faunique Mastigouche.

En 1823, un brasseur d'affaires de la région, notaire de profession et député de L'Assomption, fit construire une scierie en bordure de la rivière. Il se nommait Barthélemi Joliette et était un descendant direct du fameux explorateur Louis Joliet. Une petite communauté se développa rapidement qui prit le nom de L'Industrie. En 1850, la construction d'une ligne de chemin de fer à partir de Lanoraie facilita la fondation de plusieurs paroisses et, treize ans plus tard, L'Industrie devint la ville de Joliette.

Après la seconde guerre mondiale, Joliette connut une nouvelle ère de croissance. L'industrie manufacturière, en particulier celle associée au textile et au tabac, s'y implanta rapidement. En même temps, l'essor économique des localités rurales environnantes suscita un développement commercial et administratif important.

Joliette s'enorgueillit à juste titre d'être un pôle culturel. Ainsi, chaque été, le Festival de musique De Lanaudière réunit les amateurs de chant choral, de musique classique et folklorique, d'opérettes. Le Centre culturel de Joliette reçoit également les 250 chanteurs de la Choralie De Lanaudière et les membres de l'Orchestre symphonique des jeunes de Joliette dont la moyenne d'âge n'est que de quinze ans.

De plus, Joliette possède un musée d'art des plus fréquentés. Fondé il y a près de vingt-cinq ans par le père Wilfrid Corbeil, ce musée abrite des collections d'objets religieux, des peintures, des sculptures et des pièces d'orfèvrerie. La bibliothèque, quant à elle, compte plus de 1 000 volumes parmi les plus rares, et la direction organise des expositions temporaires, des ateliers de dessin et de peinture et même des concerts.

Comme un nord culturel

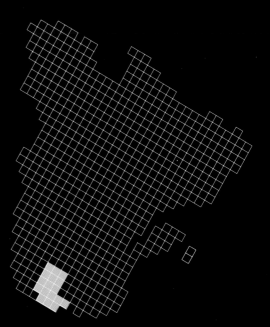

S'étendant sur près de 35 000 km² — approximativement la superficie des Pays-Bas — l'Outaouais
québécois est fortement boisé, criblé de lacs et de
cours d'eau. Sa population, d'à peine 300 000 habitants,
se trouve très largement concentrée au sud, dans une
étroite zone bordant la rivière des Outaouais, là où
sont justement les bonnes terres et les villes principales. Face à Ottawa, la zone dite « métropolitaine »
se compose des agglomérations de Gatineau, de Hull
et d'Aylmer qui, à elles seules, regroupent plus des
deux tiers de la population. C'est là que se concentrent
aussi la plupart des activités économiques, les
services et, bien sûr, les fonctions administratives.
    L'Outaouais est une région relativement jeune.
Nombre de localités et de villages ne datent que des
premières années de ce siècle. Aylmer, la plus ancienne
municipalité, remonte à 1816. Mais ce pays fut
parcouru très tôt par les gens qui firent l'histoire, celle
du Québec comme celle du Canada. Cartier, Champlain,
La Vérendrye virent l'Outaouais comme la principale
voie de pénétration à l'intérieur du continent. Sur
leurs traces vinrent missionnaires et coureurs des bois,
et les entrepreneurs qui bâtirent l'industrie forestière.

Outaouais

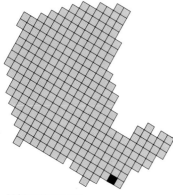

MONTEBELLO

Le manoir Papineau, dont la « grainerie » servit d'atelier au sculpteur Napoléon Bourassa. *(Ci-dessus)*

A proximité de la réserve faunique de Plaisance, Montebello, c'est aussi la splendeur de l'hiver vécu pleinement. *(A droite)*

Dans la partie sud-est de la région outaouaise, il existe une sorte de vallée large d'une bonne trentaine de kilomètres, peu profonde, qui va de la rive nord de la rivière des Outaouais au lac Simon, plus au nord. C'est la Petite Nation, ancienne seigneurie ouverte au peuplement dès la fin du XVIIIe siècle. Deux gros villages, Papineauville et Montebello, se trouvent là, ainsi qu'une vingtaine d'autres moins importants.

Erigé d'abord en paroisse rurale en septembre 1831, puis en village deux ans plus tard, Montebello doit son nom à l'amitié que Louis-Joseph Papineau portait au duc de Montebello. D'autres soutiennent qu'il le doit plutôt aux petites « montagnes » rondes qui cernent le village ou encore à sa ressemblance frappante avec un bourg italien de Lombardie.

Qu'importe. Montebello, presque à égale distance d'Ottawa et de Montréal, à deux pas de l'extraordinaire réserve faunique de Plaisance, est un endroit idéal de villégiature estivale. Toutefois, ce secteur de la Petite Nation est aussi très fréquenté en hiver. La famille Papineau y joua un rôle important. Joseph et son fils Louis-Joseph, le célèbre tribun, furent les véritables pionniers de cette paroisse qu'ils animèrent avec beaucoup d'énergie, à une époque de grandes difficultés économiques. On visite le manoir Papineau, avec ses bâtiments attenants et la « grainerie », l'ancien atelier de Napoléon Bourassa, le sculpteur célèbre dont de nombreuses œuvres ornent la charmante petite église de Notre-Dame-de-Bonsecours.

Et puis, bien sûr, il y a le Château Montebello. Cet hôtel de luxe fut construit dans les années 30, alors que le style « pavillon de chasse » élégant était en grande vogue. C'est un établissement de 200 chambres, avec son majestueux foyer octogonal dans le salon principal, au milieu d'un ancien domaine seigneurial de quelque 300 km², riche en forêts, lacs et cascades. Le Château Montebello a ajouté un fleuron international à sa réputation depuis que les chefs d'Etat et de gouvernements occidentaux des sept pays les plus industrialisés y ont tenu le sommet économique de 1981.

L'empreinte de Papineau

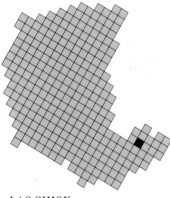

LAC SIMON

Variation sur un thème bleu et neige. Cela doit s'appeler vivre en harmonie avec la nature. *(Ci-dessus)*

Les eaux profondes et froides du lac Simon, s'étirant sur près de 15 km, de Chénéville à Duhamel. *(A droite)*

De Chénéville à Duhamel, le lac Simon s'étire sur une quinzaine de kilomètres. Resserré par endroits, encaissé dans sa partie supérieure entre des hauteurs fortement boisées, ce lac aux rives abruptes, aux eaux profondes et froides, rejoint presque, au nord, les limites de la réserve Papineau-Labelle. C'est une région giboyeuse à souhait, veinée d'étroits cours d'eau, de cascades et de torrents, dont la population est très clairsemée et où les villages sont plutôt rares.

Chénéville est à environ 150 km à l'ouest de Montréal et à 90 km d'Ottawa. A l'origine, vers 1867, c'était une paroisse missionnaire dont le mode de vie, comme pour la plupart des localités de l'Outaouais, était axé sur la forêt. Aujourd'hui, Chénéville reçoit beaucoup d'estivants attirés par la pêche et le canotage, le théâtre en plein air, les festivités de la traversée du lac à la nage (en juillet) et les expositions des artisans de la région chez qui on peut faire de courts stages d'initiation.

Bien connu des amateurs de canotage, de voile, de pêche à la truite et au brochet, le lac Simon l'est aussi à cause d'un phénomène particulier. Au beau milieu se trouve une île rocheuse, l'île du Canard-Blanc, qui abrite à son tour un autre lac... Situé à la pointe nord du lac, Duhamel est un ancien hameau forestier de 300 habitants à peine et qui vit essentiellement pendant la belle saison, quand les plaisanciers s'y rassemblent. C'est aussi la « porte » du Centre touristique du Lac-Simon, sorte de parc récréatif local où l'on peut pratiquer divers sports et activités de plein air.

Ripon et Saint-André-Avellin, deux municipalités qu'on pourrait qualifier de riveraines, sont d'autres centres de villégiature estivale très fréquentés qui offrent des spectacles en plein air, des festivals et des expositions de travaux d'artisans. Même l'hiver n'est pas monotone ici. Dans tout ce vaste territoire encore à demi sauvage qui s'étend à l'ouest et au nord du lac Simon, on vient pratiquer le ski de fond et la motoneige.

Un lac dans le lac

OUTAOUAIS

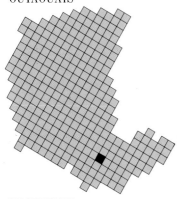

WAKEFIELD

Le pont Gendron, à Wakefield, quand l'automne y a ajouté ses ors fous. *(Ci-dessus)*

Au bout du chemin longeant l'étroite rivière Lapêche, le moulin Fairbairn. Depuis 1838, il raconte sa page d'histoire. *(A droite)*

Wakefield est une paisible communauté de quelques centaines d'habitants sur les bords de la rivière Gatineau, à 33 km au nord de l'agglomération Ottawa-Hull. Le nom écossais du village vient du fait que toute la partie sud de l'Outaouais fut largement colonisée par des ressortissants des îles Britanniques durant la première moitié du XIXe siècle.

En bordure de la route, près d'un étang où barbottent des canards, on remarque une curieuse auberge. Elle fut construite par un restaurateur autrichien un peu maçon et ébéniste à ses heures. C'est aussi dans ce village que se trouvent deux stations de ski miniatures dont l'altitude ne dépasse pas 250 m...

Toutefois, la principale attraction de Wakefield est le moulin Fairbairn. Haut de trois étages, il s'élève au bout d'un chemin longeant l'étroite rivière Lapêche, à l'ouest du village. En 1838, un colon écossais, du nom de William Fairbairn, établissait ici une minoterie, seul établissement du genre à des dizaines de kilomètres à la ronde. Six ans plus tard, les frères James et John Maclaren achetaient le moulin. Ambitieux, ils en firent rapidement le centre d'un complexe industriel comprenant une grande scierie, une filature et plusieurs habitations pour les travailleurs.

Au cours des années qui suivirent, les installations furent considérablement modernisées. Le complexe Maclaren, comme on l'appelait alors, compta parmi les premiers bâtiments de la région à être éclairés par une toute nouvelle invention : l'électricité.

Après bien des vicissitudes économiques et un désastreux incendie qui ruina la filature, la famille Maclaren dut vendre les installations. En 1962, le moulin étant de nouveau mis en vente, la Commission de la Capitale nationale s'en porta acquéreur. Elle entend restaurer le bâtiment et ses dépendances afin de lui restituer son ancienne vocation, et c'est le Service d'interprétation du parc de la Gatineau qui le fera connaître au public.

Une vocation à redonner

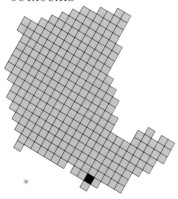

OUTAOUAIS

PARC DE LA GATINEAU

Oasis pour l'homme, le parc de la Gatineau est aussi l'habitat naturel préservé de certaines espèces d'animaux. *(Ci-dessus)*

Quand le soleil s'amuse à jouer du brouillard pour tout rendre irréellement beau. *(A droite)*

Le parc de la Gatineau est situé en plein cœur de l'Outaouais, cette vaste région à peine habitée qui constitue une splendide oasis de nature soigneusement préservée.

En gros, elle va de Montebello, sur la rivière des Outaouais, aux limites du parc La Vérendrye, au nord. Situé au confluent des rivières Gatineau et des Outaouais, le parc a une superficie de près de 36 000 ha. Il est entièrement consacré à la conservation du milieu naturel et aux loisirs en plein air. Sa création remonte au début du siècle, mais c'est grâce à l'initiative de la Commission de la Capitale nationale, qui en assure la gestion, qu'il a atteint son développement actuel.

En fait, le parc de la Gatineau est aussi une réserve qui permet à certains animaux tels le cerf de Virginie, le loup, le castor, la loutre ou le porc-épic de vivre dans leur habitat naturel. Dans les lacs et les rivières, le poisson abonde : doré, brochet, truite, carpe et achigan. La flore, elle, assez semblable à celle qu'on retrouve sur le pourtour des Grands Lacs, est particulièrement représentative de la forêt outaouaise, composée surtout de feuillus : l'orme, le chêne, le merisier, l'érable, le frêne et bien d'autres.

Le parc de la Gatineau est divisé en cinq secteurs : le lac des Fées, la Promenade, le lac Philippe, le lac Lapêche et le massif d'Eardley. Le secteur du lac des Fées, où l'on donne des spectacles en plein air, est situé aux limites de Hull. Il offre bien des possibilités aux randonneurs, aux fervents du canotage et du ski de randonnée en hiver. Le secteur de la Promenade est le plus connu et le plus fréquenté. Celui du lac Philippe, à quelque 30 km de Hull, offre des plages sans pareilles et l'on peut y pratiquer le camping, la natation ou la raquette en hiver. Quant au lac Lapêche, c'est le plus beau plan d'eau du parc. Enfin, le massif d'Eardley comprend des collines boisées, une partie de la chaîne des Trois-Lacs et une zone de plateaux et d'escarpements. C'est un lieu de rencontre idéal avec la nature.

Rencontre avec la nature

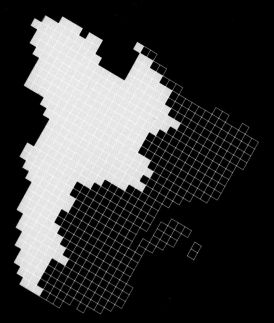

Des noms évocateurs mais qui, en même temps, semblent distiller un sentiment d'éloignement, le sens d'une nature indomptée. Des noms qui disent grands espaces. C'est loin, c'est isolé aussi, mais il y a dans ces contrées comme une âme, un appel. Un appel des eaux, de la terre, de la forêt.

L'Abitibi s'étend sur 180 km, des limites de l'Ontario à Senneterre. La région est fortement boisée et depuis les années 30 les paroisses rurales de l'Ouest et les petites localités voisines se sont développées grâce à l'industrie minière et au commerce du bois.

Le Témiscamingue, c'est un autre type de paysage, une autre géographie, une autre vocation : passé Rouyn, vers l'ouest, les exploitations agricoles prennent la relève des mines et les feuillus se mêlent aux conifères. Dominant les rives du lac Témiscamingue, les cultures agricoles offrent un saisissant panorama d'une rare amplitude.

Le Nouveau-Québec, tout là-haut, c'est plus grand encore, immensité de glace, de forêts et de silence. Et pourtant, c'est là que l'homme a dompté les plus impétueux cours d'eau, forcé de formidables rivières à changer de lit, arraché à la nature toute sa puissance utile. Baie James. Nouveau-Québec. Des noms qui signifient défi de titan.

Abitibi-Témiscamingue,
Nouveau-Québec/Baie James

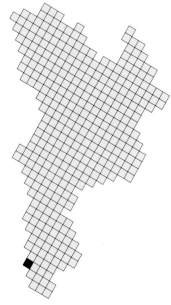

VILLE-MARIE

Au sortir du virage, Ville-Marie, un relais touristique sur la route du Témiscamingue et de l'Abitibi. *(Ci-dessus)*

La « forêt enchantée » de Ville-Marie. Insolite spectacle d'arbres aux troncs torturés dressés là comme autant de défis. *(A droite)*

Aux confins du Témiscamingue, région à peine peuplée limitrophe de l'Ontario, Ville-Marie est le principal centre administratif et commercial. Petite localité d'environ 2 400 habitants, distante de Rouyn-Noranda de 135 km, son économie est axée sur l'agriculture, l'industrie de transformation du bois et sur les services.

On connaît peu, ou on connaît mal, l'Abitibi-Témiscamingue. Sa population de près de 146 000 habitants est répartie dans plus de soixante-dix municipalités d'importance inégale et souvent très éloignées les unes des autres. La région vit de la forêt, des mines, de l'agriculture et, dans une faible mesure, du tourisme. On y trouve quelque 1 600 producteurs agricoles, surtout dans le domaine des fermes laitières et de l'élevage, mais l'économie régionale demeure instable et le taux de chômage élevé.

C'est au milieu du XIXᵉ siècle qu'apparurent les bûcherons au Témiscamingue. Puis suivirent les défricheurs. En 1896, la voie ferrée du Canadien Pacifique atteignit le lac Témiscamingue et la région commença vraiment à s'ouvrir. En 1929, on comptait déjà 34 000 résidents et la crise économique allait relancer la « colonisation » de ce coin du Québec. L'essor de l'industrie minière, dans les années 40, et l'établissement d'usines de pâtes et papier furent à l'origine du développement de nombreux petits centres, dont Témiscaming.

Ville-Marie, quant à elle, est devenue un relais touristique, au cours des dernières années surtout, sur la route du Témiscamingue et de l'Abitibi. On y visite les industries, les vestiges du fort Témiscamingue, le centre d'interprétation de Parcs Canada et le cimetière austro-hongrois de La Ferme. C'est également à Ville-Marie que se trouve un des sites les plus insolites de la région : la « forêt enchantée ». Des arbres aux troncs torturés, créations de l'homme ou victimes de la féroce fantaisie de la nature, qui n'ont pas d'équivalent ailleurs et qui se dressent là comme un point d'interrogation énorme resté sans réponse. Le village voisin de Guérin, à 50 km plus au nord, propose aux visiteurs des activités d'hiver et d'été en pleine nature et les habitants participent aux loisirs des vacanciers.

Un lointain appel enchanté

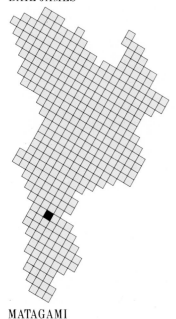

MATAGAMI

C'est loin, c'est isolé. C'est
pourquoi les relations humaines
ont ici une chaleur particulière.
(Ci-dessus)

Matagami sous la neige.
Géométrie d'une ville minière
créée de toutes pièces selon des
plans précis. *(A droite)*

Rues rectilignes, maisons préfabriquées, zone de roulottes :
Matagami est l'une de ces villes québécoises que l'industrie minière
a créées de toutes pièces. Aménagée dans le voisinage immédiat
du grand lac Matagami, cette localité de 4 500 habitants s'est
développée selon des plans précis, un peu à la manière de
Chibougamau, autre ville frontière vivant de l'exploitation des
ressources naturelles. Incorporé officiellement en 1963, Matagami
se trouve à quelque 180 km au nord d'Amos, dans une région
d'accès difficile. Quelques années plus tôt, il n'y avait en fait
rigoureusement rien dans cette zone de plateaux fortement boisés.
Mais voilà : on y découvrit de fortes concentrations de minerai de
zinc, de cuivre et de molybdène... Cette zone, à l'extrémité de
l'Abitibi-Est, est située dans le Bouclier canadien dont l'altitude
dépasse rarement les 350 m. Les assises économiques peuvent
paraître fragiles, en raison de la précarité des marchés. Toutefois, le
dynamisme certain et la ténacité des habitants de ce coin du Québec
permettent de faire des prévisions optimistes.

Depuis quelques années, le tourisme aussi progresse, car les
régions nouvellement ouvertes au développement économique
éveillent l'intérêt. Matagami est de ce fait intégré aux circuits
d'excursions vers l'Abitibi et les sites des grands ouvrages hydro-
électriques du Nouveau-Québec.

Comme toute localité à vocation minière, Matagami forme une
communauté distincte : on connaît tout de l'histoire des mines, car
la vie quotidienne est centrée autour d'elles. On en parle à la radio,
dans les magasins et les réunions entre amis ; on surveille les
dernières nouvelles sur la fluctuation des marchés de métaux.
Vivant à quelque 800 km au nord de Montréal, les gens éprouvent
le besoin d'une communication plus directe, constante et
chaleureuse. Les résidents de longue date disent volontiers qu'ils
ne laisseraient pas leur coin pourtant isolé pour l'anonymat et la
tension des grandes villes. Effectivement, la distance, l'éloignement
entre les communautés et la fragilité de l'économie ont forgé ici, un
peu comme partout ailleurs en Abitibi et au Nouveau-Québec, des
relations humaines d'une intensité particulière.

Du nord, en toute amitié

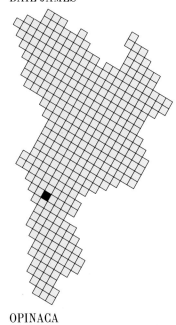

OPINACA

Et quand la rivière fut
subjuguée, il se fit un grand
silence, là-haut, au nord-est de
Fort-Rupert... *(Ci-dessus)*

Une des pièces de l'épopée : les
eaux tumultueuses de la rivière
Opinaca. *(A droite)*

Opinaca, c'est le nom d'une rivière, d'un lac et d'un réservoir à l'est d'Eastmain et au nord-est de Fort-Rupert, relié au reste du pays par une route venant de Matagami. Pour avoir une idée de l'échelle épique du défi, une bonne façon serait de remarquer qu'à lui seul le réservoir Opinaca a une étendue dépassant 1 000 km² et retient plus de 3,3 milliards de mètres cubes d'eau...

C'est en 1971 que la Société d'énergie de la Baie James s'attaqua à la mise en valeur du potentiel hydro-énergétique du vaste territoire de la baie James. Déjà, à l'époque, le projet d'aménagement du bassin de la Grande Rivière, principal cours d'eau de la région, était qualifié de réalisation du siècle. Pour tous ceux qui, progressivement, firent surgir de gigantesques ouvrages d'une région vierge, cette tâche colossale avait l'aspect d'une épopée. Il fallut construire des centaines de kilomètres de routes, des aéroports de brousse, des ponts, des installations de communication et toute une infrastructure d'hébergement. Au plus fort des travaux dans l'ensemble des chantiers du complexe La Grande, plus de 18 000 personnes habitaient les six campements principaux et les cinq villages familiaux aménagés à leur intention.

Opinaca est un très important site de travaux intimement liés au bon fonctionnement de l'ensemble. En gros, il s'agit du détournement des rivières Opinaca et Eastmain dont les eaux tumultueuses, coulant d'est en ouest, vont grossir celles de la Grande Rivière par le biais des lacs Boyd et Sakami.

Aujourd'hui, le défi est mené à bien : la construction des divers ouvrages hydro-électriques de ce site — barrages, digues et structures de contrôle — est entièrement terminée et le détournement des eaux du réservoir vers le bief amont de la centrale La Grande 2 (LG 2) s'effectue normalement depuis 1980.

Comme pour l'ensemble des sites du complexe La Grande, la Société d'énergie de la Baie James a consacré d'importantes sommes d'argent à l'étude des milieux physiques transformés et à la restauration des zones de travaux. Ainsi, les rivières Eastmain et Opinaca ont fait l'objet d'un examen attentif et le nettoyage ainsi que le reboisement de secteurs entiers de leurs rives sont terminés.

Une dimension épique

ABITIBI-TÉMISCAMINGUE,
NOUVEAU-QUÉBEC/
BAIE JAMES

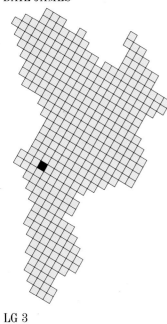

LG 3

Saisis sur le vif sur le chantier
de LG 3, des monstres d'acier
ramenés par la distance aux
dimensions d'une panoplie de
jouets d'enfant. *(Ci-dessus)*

Et déjà, tout cela appartient à
l'Histoire. Il reste aujourd'hui
le symbole du superlatif rendu
accessible. *(A droite)*

A environ 1 000 km au nord-est de Montréal coule la Grande
Rivière. Elle coule d'est en ouest, sur une distance de 800 km,
avant de se jeter dans la baie James, un peu au-dessus de Chisasibi.
Elle draine une contrée sauvage de 98 000 km², soit plus du double
de la superficie de la Suisse.

Menée à bien par la Société d'énergie de la Baie James (SEBJ),
la mise en exploitation de la Grande Rivière s'inscrit dans le super-
ensemble La Grande comprenant la construction de trois centrales,
LG 2, LG 3 et LG 4, ainsi que le détournement partiel des rivières
Eastmain et Caniapiscau. LG 3 est située à 238 km en amont de
l'embouchure de la Grande Rivière et, à plein rendement, avec ses
douze ensembles turbines-alternateurs couplés au réseau, elle
pourra délivrer une puissance de 2 304 mégawatts...

Ici, tout est au superlatif. Un barrage rehausse le plan d'eau
en amont de la centrale et les eaux sont emprisonnées à l'intérieur
du réservoir par un chapelet de soixante-sept digues. A pleine
retenue, ce réservoir a une superficie de 2 460 km², soit deux fois
et demie celle du lac Saint-Jean. La réserve totale dépasse les
60 milliards de mètres cubes, assez d'eau pour suffire aux besoins
d'une ville comme Montréal pendant plus de cent ans!

Pour réaliser cet ouvrage quasi surhumain — commencé en
1976 —, il fallut détourner provisoirement de son cours millénaire
la Grande Rivière. Pour ce faire, on dut adopter un plan de
dérivation en deux phases, en raison de la configuration du site et
de l'aménagement des travaux eux-mêmes. Lors d'une première
phase, qui dura environ un an et demi, le bras sud de la rivière fut
coupé au moyen de deux batardeaux et asséché. Cela permit de
procéder à l'excavation de la centrale et à l'édification du barrage
sud. D'une durée de trois ans et demi, la deuxième étape
comprenait la mise en eau des galeries et la fermeture du bras nord.
Elle a pris fin en avril 1981 lorsque l'ensemble des ouvrages de
retenue eut atteint la hauteur minimale indispensable.

LG 3 est assimilée à présent à un symbole, celui d'un
remarquable savoir-faire ou, mieux encore, celui du superlatif
rendu accessible.

Méga-site et mégawatts

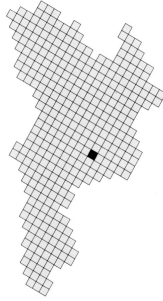

CANIAPISCAU

Taillé vif dans la masse des roches, un nouveau lit pour la Caniapiscau pour accroître le débit de la Grande Rivière. *(Ci-dessus)*

Après le passage des monstres d'acier, la nature domptée est remise en état. Sur près de 500 ha, 650 000 plants ont été mis en terre. *(A droite)*

C'est une rivière large et puissante qui prend sa source à quelque 100 km à l'ouest de Schefferville et se jette dans le fleuve Koksoak dont l'estuaire s'ouvre au sud de la baie d'Ungava. La Caniapiscau. Sur son cours supérieur, elle reçoit les eaux de plusieurs rivières et des lacs Delorme et Caniapiscau, immense plan d'eau aux rives découpées et tout parsemé d'îles.

Caniapiscau, c'est aussi le nom d'un des grands ensembles de travaux du complexe hydro-électrique de la Grande Rivière, qui comprend trois centrales. En fait, c'est le plus important puisqu'il s'étend sur un territoire de 10 000 km² et a nécessité la présence, en pleine période de réalisation, d'environ 4 000 travailleurs. Ce projet, aujourd'hui terminé, aura coûté plus de 1 milliard de dollars. Il consistait essentiellement à détourner le cours supérieur de la rivière Caniapiscau dans celui de la Grande Rivière. Ce faisant, on augmentait le débit de cette dernière et on créait un énorme réservoir artificiel de 4 350 km². Œuvre titanesque si l'on se rend compte que cela représente quatre fois et demie l'étendue du lac Saint-Jean !

Pour mener à bien ce défi, il a fallu construire deux longs barrages de retenue et quarante-trois digues afin d'élever de 38 m le niveau des eaux du réservoir et de prévenir en même temps toute fuite dans les vallées voisines. La capacité totale de ce réservoir, dont le remplissage débuta en octobre 1981, est de 53,8 milliards de mètres cubes... La crête d'un des barrages de retenue s'élève à 550 m au-dessus du niveau de la mer. De cette incroyable masse d'eau, seuls les 14 ou 15 m de la couche supérieure alimentent le débit du réservoir et lui donnent toute sa puissance.

Depuis un certain temps déjà, la Société d'énergie de la Baie James s'occupe de l'aménagement paysager, de l'aménagement faunique et de la restauration des sites de construction en vue de freiner l'érosion. C'est ainsi que, dans la région de Caniapiscau, on a mis en terre plus de 650 000 plants répartis sur 500 ha.

Caniapiscau, c'est plus qu'un site parmi d'autres. C'est un univers en soi, à l'échelle surhumaine, où le défi à relever était épique, à la dimension de la nature en liberté.

Le défi titanesque

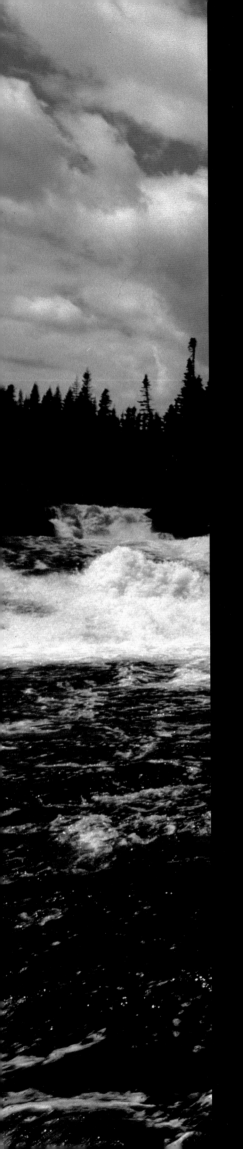

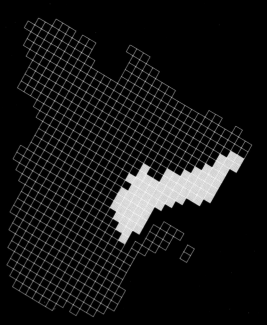

Partiellement couverte de lacs et de forêts, la Côte-Nord ne fut pendant longtemps que le royaume méconnu des trappeurs, des Indiens, des pêcheurs côtiers et des aventuriers. L'exploitation des ressources du sous-sol et le transport du minerai de fer vinrent changer tout cela, précipitant l'essor de villes comme Sept-Îles, Port-Cartier, Havre-Saint-Pierre ou Clark City. Durement touchée par la récession économique des années 80, particulièrement par la chute du marché du minerai de fer, la Côte-Nord est aujourd'hui à la recherche d'une nouvelle vocation.

Pour le voyageur, c'est une contrée un peu à part, qui va de Baie-Trinité, au sud de Sept-Îles, jusqu'à Blanc-Sablon, dernière étape avant la frontière du Labrador. C'est un monde en soi, loin du reste de la province, avec un climat rigoureux, une population très peu dense disséminée dans des hameaux lointains qu'il est plus commode de rejoindre par avion que par la route du littoral. Une terre de dépaysement absolu et de courts étés fulgurants.

Côte-Nord

CÔTE-NORD

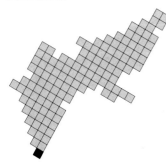

TADOUSSAC

Tadoussac, gracieusement intégré au paysage. C'est ici que Pierre Chauvin érigea la première maison construite par des Français en terre canadienne. *(Ci-dessus)*

Vaisseau fantôme ? Non, sur les brumes du rêve, un paquebot qui franchit l'entrée d'un nouveau royaume. *(A droite)*

Comme posé en sentinelle à l'embouchure du Saguenay, à 222 km au nord-est de Québec, Tadoussac est un peu l'entrée d'un nouveau royaume. Ce n'est plus le pays de Charlevoix et ce n'est pas encore la Côte-Nord. Entre Tadoussac et Sept-Iles, le littoral monotone, fait en grande partie de falaises sablonneuses et de plateaux boisés d'épinettes et de bouleaux, s'étire interminablement sur quelque 425 km.

Lorsque la marée baisse dans le Saint-Laurent, les eaux sombres du Saguenay s'y jettent avec une force telle que les bateaux de plaisance évitent l'endroit. Mais quel spectaculaire panorama de l'embouchure du fjord, depuis le sommet d'une colline ou depuis les quais du village !

Tadoussac fut l'un des tout premiers établissements européens en Amérique du Nord. Jacques Cartier s'y arrêta en septembre 1535 et Pierre Chauvin y érigea la première maison construite au Canada par des Français. C'est dans le havre naturel de Tadoussac — en langue montagnaise ce mot signifie « mamelon » —, le 26 mai 1603, que mouilla la *Bonne Renommée* à bord de laquelle se trouvait Champlain. Par la suite, ce fut le point de relâche favori des voiliers montant ou descendant le Saint-Laurent. Devenu très tôt un poste de traite extrêmement actif, Tadoussac connut un véritable essor vers le milieu du XVIIe siècle. En 1648, on y aurait échangé près de 25 000 lb de fourrures.

Gracieusement intégré au paysage, ce village de 1 000 habitants à peine étale ses maisons et ses villas estivales parmi les dunes. C'est à partir de 1865, avec la construction de l'hôtel principal, que Tadoussac trouve une seconde prospérité en tant que centre de villégiature animé.

On ne manquera pas de visiter la station piscicole. A voir également la chapelle, construite entièrement en bois par le père Godefroy Coquart, en 1747, et classée monument historique. Apôtre des Montagnais pendant dix-neuf ans, le père Coquart mourut en 1765 et ses restes furent inhumés dans cette chapelle.

En sentinelle du royaume

CÔTE-NORD

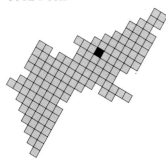

MANIC 5

Manic 5, ouvrage à voûtes
multiples et contreforts, la plus
importante des sept centrales
du complexe Manic-Outardes.
(Ci-dessus)

Un barrage « superstar », l'un
des plus photographiés du
monde. *(A droite)*

Un des grands barrages du monde, Manic 5 est probablement l'un
des plus photographiés. Il est des barrages comme des vedettes !
Chaque année, près de 80 000 personnes — industriels, étudiants,
membres de groupes de l'âge d'or et touristes — se rendent là, dans
le cadre de visites organisées des ouvrages hydro-électriques. Sans
compter, bien sûr, des techniciens étrangers.

Commencée en 1959, l'installation de Manic 5 fut terminée
en 1970. Développant une puissance de 1 292 000 kW, Manic 5 est la
plus importante des sept centrales du complexe hydro-électrique
Manic-Outardes achevé en 1978 avec la mise en service
d'Outardes 2. Avec une chute brute de 154 m et un débit moyen de
663 m^3/s, elle est équipée de huit turbines de type Francis de
221 000 ch chacune, entraînant huit alternateurs de 161 570 kW.
Manic 5 est directement alimentée par un lac artificiel de près de
2 000 km^2 qui s'étend en amont du barrage Daniel-Johnson, à
216 km de Baie-Comeau. Ce barrage, l'un des plus formidables du
genre, est situé à environ 1 km de la centrale et constitue le maître
ouvrage de tout le bassin de la rivière Manicouagan. De fait, son
réservoir permet de régulariser l'alimentation en eau de toutes les
centrales de la rivière. Ouvrage à voûtes multiples et contreforts,
le barrage Daniel-Johnson représente un ensemble haut de 214 m
courant sur 1 314 m. Divers instruments placés dans les galeries
intérieures décèlent les moindres mouvements de cette forteresse
formidable ainsi que les tensions internes qui s'y exercent.

La prise d'eau se trouve à l'est du barrage. Elle est reliée à deux
galeries souterraines d'amenée de 11 m de diamètre, elles-mêmes
raccordées à huit conduites forcées. A la jonction des galeries
d'amenée, deux cheminées d'équilibre absorbent l'augmentation de
pression qui se produit quand on ferme rapidement les vannes
directrices protégeant les turbines.

La nouvelle centrale souterraine, du côté opposé à la centrale
actuelle, permettra d'augmenter d'un millier de mégawatts la
puissance de Manic 5.

Le barrage vedette

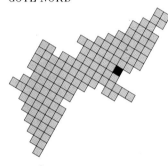

SEPT-ÎLES

Sortie de pêche au large des « sept yles ». Aujourd'hui, Sept-Iles est un grand port de mer et une ville industrielle. (Ci-dessus et à droite)

Grand port de mer et ville industrielle tout à la fois, Sept-Iles est établie au fond d'une immense baie presque circulaire de quelque 35 km de pourtour. C'est un havre naturel exceptionnellement bien protégé, dont on trouve trace sur les cartes datant de l'époque de Jacques Cartier. C'est précisément à cause des « sept yles » que celui-ci y découvrit, rocheuses, escarpées, presque sans végétation, à l'entrée de la baie, que la ville porte ce nom. Métropole régionale pour ainsi dire, Sept-Iles compte environ 30 000 habitants.

Parler de cette ville lointaine de la Côte-Nord, c'est parler aussi du Nouveau-Québec, d'une région inhospitalière que l'on considérait pourtant comme un nouvel Eldorado il y a trente-cinq ans. De fait, l'économie régionale, tout en rebondissements spectaculaires, est aujourd'hui très durement touchée.

Sept-Iles est née à 650 km au nord-est de Québec, de l'exploitation des immenses gisements de minerai de fer, autant dire de l'espoir d'une interminable prospérité. Pendant très longtemps, cet endroit ne fut rien d'autre qu'un poste de traite et de pêche fréquenté des Indiens. En 1866 se trouva officiellement créé le canton de Letellier et le peuplement commença vraiment, quoique très lentement. Au lendemain de la seconde guerre mondiale, les besoins en acier étaient immenses tant aux Etats-Unis qu'en Europe. La décision d'exploiter les gisements de Schefferville et de plusieurs autres localités date de 1950-1951. Un peu plus tard, on construira à Sept-Iles des quais en eau profonde et de grandes installations capables de traiter 10 millions de tonnes de minerai durant une saison de navigation de six mois. Pour acheminer ce minerai jusqu'à la côte, il fallut construire une ligne de chemin de fer de près de 600 km de long ainsi qu'une centrale électrique. Sept-Iles et l'ensemble de la région connurent une prospérité soudaine, semblable à celle de toutes les ruées vers l'or quelle qu'en soit la couleur... Depuis, les problèmes de surcapacité des aciéries, la chute spectaculaire de la demande et l'abandon progressif de l'exploitation des gisements ont changé tout cela.

Reliée aux principales villes du Québec par des liaisons aériennes, Sept-Iles reste le centre névralgique de la côte.

Né d'un espoir de prospérité

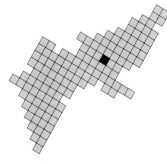

LA MOISIE

Les belles plages naturelles à
l'embouchure de la Moisie.
(Ci-dessus)

Un estuaire long et évasé bordé
de grèves sablonneuses où
naguère au printemps se
retrouvaient Indiens, trappeurs
et trafiquants de fourrures.
(A droite)

La Moisie fut de tout temps l'une des plus fréquentées des
principales rivières qui descendent des lacs et des plateaux de
l'intérieur et viennent sillonner la Côte-Nord jusqu'au golfe
du Saint-Laurent. Indiens, trappeurs, trafiquants de fourrures
contemporains de Louis Joliet connaissaient bien son estuaire long
et évasé, bordé de grèves sablonneuses, où ils se réunissaient
chaque printemps pour faire du commerce. Bien que peu profonde
et seulement navigable sur une petite partie de son cours, la rivière
traversait une région exceptionnellement giboyeuse. Elle était aussi
réputée — et l'est toujours — pour le saumon et la truite de mer
qu'on y trouvait en abondance.

Moisie, le village, établi un peu à l'ouest de la rivière du même
nom, est un très vieux centre de peuplement. La première mission à
cet endroit remonte à 1688 et, un peu plus tard, la Compagnie de la
Baie d'Hudson y ouvrit un poste de traite. Cependant, ce ne fut
guère qu'aux environs de 1860 que des colons s'y fixèrent de façon
permanente. Aux alentours, on découvrit d'importants dépôts de
sable ferrugineux dont l'exploitation pendant une dizaine d'années,
jusqu'en 1875, donna naissance au village des Forges, aujourd'hui
partiellement disparu. Le sable brut préalablement purifié était
fondu dans des fours chauffés au charbon de bois. Il fallait ensuite
marteler le fer ainsi obtenu pour le débarrasser des scories afin
qu'il fût propre à être expédié. La plupart des clients étaient
américains, et l'exploitation cessa brutalement le jour où l'on
commença d'imposer des droits de douane.

La ligne de chemin de fer reliant Sept-Iles à Schefferville suit
une partie du cours de la rivière Moisie. Les plages naturelles à
l'embouchure de la rivière sont si belles que le ministère du Loisir,
de la Chasse et de la Pêche a aménagé un grand terrain de camping
près du pont où passe la route 138. Un autre service provincial,
celui de la Réserve faunique de la rivière Moisie, gère la pêche au
saumon qui se pratique habituellement du début de juin à la
mi-septembre.

Un sillon accueillant

CÔTE-NORD

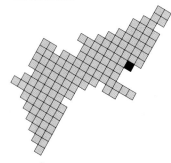

RIVIÈRE-AU-TONNERRE

Tout le charme et toute la nostalgie d'un hameau de pêcheurs. *(Ci-dessus)*

Dominant un littoral ponctué de rocs équarris par les marées et les glaces du printemps, l'église trop grande attend encore que ses vastes galeries s'emplissent enfin. *(A droite)*

A 120 km à l'est de Sept-Iles, Rivière-au-Tonnerre est un autre aspect de cette Côte-Nord qui, malgré tous les charmes qu'on lui trouve lorsqu'on est de passage, n'est pas précisément une terre d'abondance choyée par le climat. Rivière-au-Tonnerre est en fait un hameau de pêcheurs d'environ 600 âmes, établi un peu à l'ouest d'une petite anse qui est en réalité l'embouchure de la rivière du même nom.

Alentour, le pays est plutôt plat, faiblement boisé ; le sol, sablonneux en grande partie, est impropre à la culture. A cet endroit, le littoral est surtout constitué de falaises basses, bordées de rocs et de grosses pierres usées par les glaces de printemps et les fortes marées. Longtemps avant l'arrivée des Français en Amérique, les pêcheurs basques menaient leurs embarcations jusqu'à ces rivages peu hospitaliers mais où le poisson était abondant.

Au sud-est de Rivière-au-Tonnerre se trouve l'Ile-aux-Perroquets, couronnée de son phare rouge et blanc. Cette île, mentionnée depuis fort longtemps sur les cartes des navigateurs, marque le commencement de la Minganie, ce pays sauvage qui comprend le littoral et l'archipel de Mingan. Plusieurs de ces îles, en particulier celle de Havre-de-Mingan et les deux Ile-aux-Bouleaux, virent passer bien des pêcheurs, et peut-être aussi l'explorateur Louis Joliet.

La première chapelle de Rivière-au-Tonnerre fut construite en 1875 alors qu'il n'y avait qu'une poignée de colons. Elle fut ensuite remplacée par une église de bois, trop vaste pour le nombre de résidents permanents, comme d'ailleurs dans la plupart des localités de la Côte-Nord. C'est qu'alors on voyait grand : on bâtissait grand pour répondre aux besoins d'une population qui, croyait-on, devait rapidement augmenter. Cela ne s'est pas produit.

Cette église bâtie face à la mer, avec ses galeries intérieures le plus souvent vides, est décorée de panneaux et sculptures de bois exécutés jadis par des paroissiens. C'est probablement la seule en son genre de toutes celles de la Côte-Nord.

Telle une église trop vaste

CÔTE-NORD

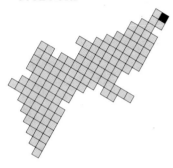

MINGAN

Détail de Minganie, pays d'îles nues et d'étés fulgurants. *(Ci-dessus)*

Un pays plat aux côtes basses hérissées de rochers insolites s'avançant loin dans la mer. L'incroyable beauté de la solitude. *(A droite)*

A l'est de Sept-Iles, la route du littoral, la 138, est carrossable jusqu'aux environs de Havre-Saint-Pierre seulement. C'est la route de la solitude et de l'incroyable beauté d'une des contrées les plus sauvages et aussi les plus pauvres d'Amérique. Un pays bordé d'îles nues, de baies oubliées, de deltas parfois larges comme celui de la rivière Romaine, de hameaux immobiles blottis à l'embouchure des cours d'eau ; un pays relativement plat et peu boisé, aux côtes basses et sablonneuses hérissées de rochers qui s'avancent loin en mer, où l'été somptueux mais fulgurant ne dure guère plus de deux mois. Plus à l'est, vers le détroit de Belle-Isle, il ne reste que le caboteur, l'avion de brousse ou la piste ancestrale, l'hiver, pour rallier les villages échelonnés le long du rivage fortement découpé.

Mingan se situe à quelque 200 km de Sept-Iles et à 40 km de Havre-Saint-Pierre. A une trentaine de kilomètres au large, c'est l'extrémité ouest d'Anticosti la mystérieuse. Ancien poste de traite et de pêche à l'époque du Régime français, Mingan est l'un des meilleurs ports de la côte, abrité des fortes vagues par cette longue digue naturelle qu'est l'île de Havre-de-Mingan. Ici commence ce que l'on appelle l'archipel de Mingan, décrété arrondissement naturel. C'est une succession d'îles et d'îlots, une cinquantaine en tout, dont le plus vaste fait 19 km de tour.

Des pêcheurs basques fréquentaient ces eaux dès le XVIe siècle. Des fouilles archéologiques effectuées sur deux des îles ont permis de mettre au jour des fours en pierre sèche et des fragments de canalisations en terre cuite dont ils se servaient pour recueillir l'huile de baleine. On a également trouvé des vestiges de sépultures préhistoriques, des outils et des armes, témoins d'une ancienne culture amérindienne en ces lieux. Pour les voyageurs en quête de dépaysement absolu, un centre d'accueil et d'interprétation de l'archipel est ouvert l'été, de la Saint-Jean, le 24 juin, jusqu'à la fin du mois d'août.

Les îles du dépaysement absolu

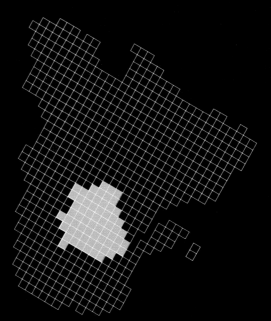

Deux régions qui sont géographiquement voisines et intimement liées sur le plan économique. S'agit-il d'un même « pays » ? De deux moitiés complémentaires ? Ou de deux « pays » distincts regroupés par la fantaisie d'une barre typographique ? Toujours est-il que les gens d'ici ont leur fierté propre : ils n'aiment pas qu'on les confonde.

Le Saguenay, grâce à l'aluminium et à la pâte à papier, est industrialisé et sa population est largement urbaine. La région du Lac-Saint-Jean est agricole et l'exploitation forestière s'y est implantée depuis la fin du siècle dernier. Le lac lui-même, vaste bassin pratiquement circulaire d'un périmètre de 225 km, reçoit les eaux d'une dizaine de rivières et constitue autant une petite mer intérieure qu'un symbole.

Et au-dessus de toute cette fierté d'être claquent comme des drapeaux au vent des noms de villes évocateurs : Chicoutimi, Jonquière et Kénogami, Arvida, Bagotville, Port-Alfred...

« Il était une fois un royaume fascinant et un beau grand lac ceinturé d'une belle nature sauvage où couraient des rivières limpides... » Le voyage peut commencer un peu comme un conte. Un peu de rêve, un peu de nostalgie, mais surtout une invitation à la découverte.

Saguenay/ Lac-Saint-Jean

SAGUENAY/LAC-SAINT-JEAN

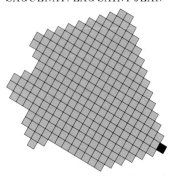

L'ANSE-SAINT-JEAN

Un joli village enneigé au cœur
du somptueux décor saguenéen.
(Ci-dessus)

Un élément de permanence. Ici,
tout le monde était jadis un peu
pêcheur ou marin. *(A droite)*

Au beau milieu du somptueux décor des montagnes saguenéennes, la petite municipalité de L'Anse-Saint-Jean est typique des paroisses agro-forestières fondées dans la région au milieu du siècle dernier. Située à 80 km environ à l'est de Chicoutimi, elle compte à peine 1 500 habitants. Le vieux pont couvert est encore là, fait d'une seule travée. Il date de 1929 et on l'utilise toujours pour franchir la petite rivière Saint-Jean avant qu'elle ne se jette dans la rivière Saguenay. Ce pont est d'ailleurs l'un des rares rescapés d'une époque où, sur les cours d'eau du Saguenay/Lac-Saint-Jean, on les comptait par dizaines.

Après s'être tournée sans grand succès vers l'agriculture, L'Anse-Saint-Jean vit actuellement de la forêt et des divers services dont elle dispose, dont une école polyvalente. Son parc nautique est vaste et bien équipé. En raison de sa situation, le parc attire, durant la belle saison, des plaisanciers du Saguenay, de Québec et des villes du Bas-Saint-Laurent.

Jadis, comme dans d'autres paroisses du Saguenay et de Charlevoix, les hommes de L'Anse-Saint-Jean étaient fréquemment pêcheurs et marins durant une partie de l'année. Et aussi d'habiles constructeurs de chaloupes et de goélettes, ce dernier type de navire de bois servant au transport vers Québec et Trois-Rivières des billots coupés dans les forêts environnantes.

Aujourd'hui, le touriste qui s'arrête dans ce joli village cerné par les montagnes peut faire du camping, de la voile ou pêcher dans la rivière Saint-Jean où abondent le saumon et la truite.

A la lisière des grands bois, un peu en retrait du village, la ferme plus que centenaire de Nazaire Boudreault offre — sur réservation — des possibilités d'hébergement. C'est la seule exploitation de la région où l'on travaille encore la terre comme dans le bon vieux temps, avec des engrais naturels et le moins possible de machinerie.

Tout le charme saguenéen

SAGUENAY/LAC-SAINT-JEAN

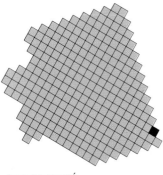

CAP TRINITÉ

Ici, caps et rivières parlent de mystère et d'infini : Trinité, Eternité. *(Ci-dessus)*

De hautes falaises de granit bordent les eaux sombres et froides du fjord. *(A droite)*

Presque à mi-chemin de Chicoutimi et de Baie-Sainte-Catherine, sur la rive sud du Saguenay, deux formidables parois rocheuses gardent l'embouchure de la petite rivière Eternité : ce sont les caps Trinité et Eternité. Comme la rivière, l'un et l'autre sont situés à l'intérieur du parc provincial du Saguenay. Alentour, émergeant d'un paysage boisé à l'infini, de hautes falaises de granit, abruptes ou rondes par endroits, bordent les eaux sombres et froides du fjord qui, à la hauteur des caps, atteint près de 2 km de large.

Les fervents d'escalade connaissent bien cette muraille verticale de roc nu, piquée de maigres touffes de végétation, que de nombreuses équipes de grimpeurs ont vaincue. Et les passagers des croisières ne peuvent l'avoir manquée : en passant au pied du cap Trinité, les bateaux saluent la blanche statue de la Vierge en faisant jouer dans les haut-parleurs l'*Ave Maria*. Cette statue domine le Saguenay depuis 1881, hissée à force d'homme, en plusieurs sections, avec les moyens dérisoires de l'époque, cordages et treuils. Ce fut un remarquable témoignage de foi populaire que de l'ériger au bord de la falaise, un geste qui devait assurer à la région une éternelle protection.

Du hameau de Rivière-Eternité, sur la route 170, à environ 60 km à l'est de Chicoutimi, un chemin de gravier puis un sentier, aménagé et entretenu par le ministère du Loisir, de la Chasse et de la Pêche, conduisent au sommet du cap Trinité. Le panorama qu'on découvre là, à près de 300 m au-dessus du Saguenay, est absolument inoubliable.

L'aménagement du parc provincial du Saguenay a facilité l'accès à la statue et au sommet du cap Trinité. Un centre d'interprétation de la nature, ouvert aux visiteurs jusqu'à la fin de septembre, dispose d'une salle de projection et d'exposition. Les randonneurs quant à eux peuvent également participer à des excursions accompagnées de guides.

La Vierge blanche du fjord

164

SAGUENAY/LAC-SAINT-JEAN

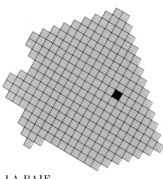

LA BAIE

En bordure de la baie des
Ha! Ha!, sous des ciels à
couper le souffle, l'épopée des
pionniers n'est encore pas
achevée. *(Ci-dessus)*

Sur les rives de la rivière à
Mars, une ville qui s'attache à
maintenir le fragile équilibre
entre les nécessités de
l'industrialisation et celles de la
préservation du milieu naturel.
(A droite)

Cette ville saguenéenne d'environ 23 000 habitants se trouve en bordure de la baie des Ha! Ha!, à une vingtaine de kilomètres de Chicoutimi, à l'entrée d'une petite vallée que traverse la rivière à Mars. Elle est en fait le résultat du regroupement de trois municipalités voisines effectué il y a quelques années. Largement ouverte sur cette baie profonde et bien abritée que des générations de navigateurs ont fréquentée, la ville fait face aux escarpements rocheux de la rive nord du Saguenay. L'aluminerie de la société Alcan et l'usine de la Consolidated Bathurst constituent l'essentiel de l'économie de La Baie, le reste étant axé sur le tourisme et les entreprises de services.

Un des tout premiers foyers de colonisation, au siècle dernier, La Baie est considérée dans l'histoire régionale comme le berceau du Saguenay. Les premiers habitants, qui venaient des environs de Baie-Saint-Paul, arrivèrent en 1838. Le monument des Vingt-et-un, élevé à la mémoire d'un groupe d'associés qui s'étaient fixé pour tâche de développer une économie locale, rappelle aussi qu'un certain Alexis Simard fut le premier agriculteur saguenéen. Dans une contrée aussi densément boisée, l'exploitation de la forêt permit naturellement la création de scieries et d'ateliers d'artisans qui fabriquaient des pièces de navire.

Aujourd'hui, l'un des principaux objectifs de la municipalité de La Baie est de maintenir cette subtile harmonie entre le développement industriel et le milieu naturel. De fait, La Baie a tout pour séduire. Un très beau parc a été aménagé au bord de la rivière Saguenay, d'où l'on découvre un paysage exceptionnel. En outre, le Centre ornithologique du parc Mars permet d'observer une cinquantaine d'oiseaux aquatiques de la région alors que le musée du Fjord présente d'intéressantes expositions à saveur aussi bien historique qu'actuelle. Et, bien légitimement pour ce berceau du Saguenay, un festival populaire rappelle chaque été, vers la mi-juin, la rude épopée des pionniers. Un festival qui veut, cependant, refléter tout autant le présent et le futur de ce beau coin du Saguenay. La saga des pionniers n'est pas encore achevée.

Une saga de pionniers

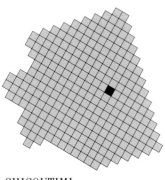

CHICOUTIMI

Instantané du carnaval de Chicoutimi. Pierrot de la lune se laisse dire miaou. *(Ci-dessus)*

Une ville fière au centre d'un rude pays où les tempêtes de neige frappent durement. *(A droite)*

On est fier dans cette région, tellement fier que les gens du Saguenay n'aiment pas qu'on les confonde avec ceux du Lac-Saint-Jean. Et l'inverse est vrai aussi pour ceux du Lac-Saint-Jean... Séparés des grands centres urbains par l'étendue de la réserve faunique des Laurentides, les habitants de ce coin de pays ont toujours eu tendance à vivre un peu à l'écart.

Située à 211 km de Québec, Chicoutimi est la principale ville du Saguenay. Elle est en majeure partie construite sur les hauteurs surplombant la rivière Saguenay et bordée d'est en ouest par deux cours d'eau sinueux : la rivière du Moulin et la rivière Chicoutimi. C'est une ville jeune, neuve, comme le sont d'ailleurs la plupart des localités qu'on trouve le long du Saguenay et sur le pourtour du lac Saint-Jean. A l'époque de la signature du pacte confédératif, Chicoutimi n'était pourtant qu'un village aux rues de gravier dont les quelque 1 400 habitants vivaient surtout de l'industrie du bois et du transport fluvial durant la belle saison. Aujourd'hui, la métropole du Saguenay, comme on la nomme familièrement, est une ville commerciale prospère. Son centre hospitalier passe pour être l'un des plus modernes du Québec. Ses établissements d'enseignement sont fréquentés par des étudiants habitant les localités les plus éloignées de toute cette vaste région qui va de l'estuaire du Saguenay jusqu'au nord-ouest du lac Saint-Jean.

Chicoutimi est au centre d'un rude pays où les tempêtes de neige frappent durement. Pour conjurer le long hiver et son cortège de froidure et de poudreries, les habitants se sont inventé un carnaval qui a lieu chaque année un peu avant le Mardi gras. Pendant onze jours se succèdent jeux en plein air, bals, parades aux flambeaux de skieurs et de raquetteurs, concours de force réservés aux bûcherons et enchères publiques sur le parvis de l'église... C'est le carnaval du froid, le carnaval du bout du monde au cours duquel on s'habille, on dîne et on se divertit comme on le faisait il y a un siècle.

Jeune et fière

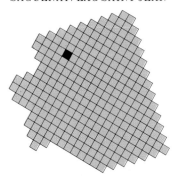

MISTASSINI

Un nom qui s'explique par lui-même : Mistassini veut dire en cri « grosses roches ». *(Ci-dessus)*

A l'enseigne du bleuet, la myrtille de la prospérité. *(À droite)*

Mistassini, on le connaît — souvent sans y être allé — à cause de son festival du bleuet. De fait, ce petit village de la rive nord du lac Saint-Jean, situé en bordure de la rivière aux Rats, est devenu la capitale du bleuet.

Cette grosse myrtille nord-américaine croît en abondance un peu partout dans la région du lac et les gens se contentaient jadis de la cueillir dans les landes et les sous-bois pour leur propre consommation. Aujourd'hui, le bleuet de culture s'ajoute à celui qu'on récolte à l'état sauvage ici et là. Près de 4 000 t de bleuets sont ainsi recueillis chaque année et l'abondance de ce fruit violacé, qui peut être parfois gros comme une cerise, est célébrée à la mi-août, précisément lors du Festival du bleuet de Mistassini. Nettoyés, calibrés, empaquetés, vendus frais ou conservés dans les entrepôts frigorifiques des entreprises exploitant les bleuetières, les petits fruits deviennent garniture de tarte, confitures, vin, alcool ou apéritif. Les bleuets sont tellement identifiés avec la région du Lac-Saint-Jean qu'on donne parfois ce nom, familièrement, aux habitants eux-mêmes.

Mistassini, dont le nom en cri veut dire « grosses roches » — probablement à cause des nombreux rochers qui bordent l'embouchure de la rivière —, marque la limite des terres cultivées et le début des immenses bois sans fin qui habitent le roman célèbre de Louis Hémon, *Maria Chapdelaine*. Des pères trappistes, de l'ordre des Cisterciens, construisirent en 1892 un premier monastère transformé en abbaye en 1935. Les pères cultivent un vaste domaine et ont créé une chocolaterie très réputée dans la région. En 1927, la société papetière Domtar s'est installée à Mistassini et la construction, vingt ans plus tard, de l'important barrage des Passes-Dangereuses, sur la rivière Péribonka, lui a permis une expansion industrielle considérable.

De l'autre côté de la rivière Mistassini, la petite ville de Dolbeau est le principal centre commercial de la région nord-ouest du Lac-Saint-Jean.

Au cœur de la bleuetière

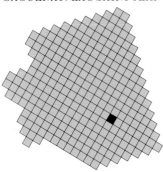

**RÉSERVE FAUNIQUE
DES LAURENTIDES**

Sur près de 8 000 km², le
paradis des amateurs de plein
air et la réserve de ressources
fauniques par excellence.
(Ci-dessus)

Au nombre des espèces
préservées, l'orignal. Ici, on
gagne par tirage au sort le droit
de participer à la chasse
contrôlée. *(A droite)*

C'est en 1895 que fut créé, par une loi spéciale, le parc national
des Laurentides, sans doute sous l'impulsion du mouvement de
conservation de la nature amorcé aux Etats-Unis par la création, en
1872, du fameux parc Yellowstone. Le parc des Laurentides a
toujours été considéré comme un réservoir de ressources naturelles
et fauniques et c'est dans le but d'en garantir le maintien que la
plus grande partie de ce territoire a été déclarée « réserve
faunique » en 1981.

Située à 48 km au nord de Québec, la réserve faunique des
Laurentides couvre un peu moins de 8 000 km². Le terrain est
accidenté, coupé de vallons étroits et semé de très nombreux lacs,
de petites rivières et d'étangs facilement accessibles, d'où
l'engouement des pêcheurs, des adeptes du canotage, de la voile ou
de la randonnée en canot-camping. Certains lacs, comme le lac
Jacques-Cartier, le lac aux Ecorces ou le lac des Neiges, atteignent
des dimensions considérables. Des collines rondes et boisées, ne
dépassant guère 700 m d'altitude, bordent au nord-ouest ce vaste
territoire dédié à la récréation en plein air et à la préservation de
la faune, en particulier de l'orignal, de l'ours noir, du castor, de
la loutre, du renard roux et du loup.

Dans la réserve, les services offerts au public sont nombreux et
variés. On trouve d'abord de nombreux chalets où, en plus d'un
hébergement convenable, les pêcheurs profitent de l'accès à des
plans d'eau poissonneux. Les cours d'eau sont bien connus pour les
fameuses truites mouchetées qu'on y trouve. Plusieurs chalets sont
disponibles pour la villégiature d'hiver, les usagers ayant la
possibilité de pratiquer la raquette et le ski de randonnée.

Un autre lieu de séjour fort apprécié est le pavillon des Portes-
de-l'Enfer, qui accueille des pêcheurs pendant toute la saison
estivale. La pêche à la journée, en utilisant des embarcations
fournies par le ministère de la Chasse et de la Pêche, est de loin la
formule préférée.

On chasse aussi dans la réserve ; on chasse l'orignal mais de
façon strictement contrôlée. Pour avoir le droit de la pratiquer, il
faut s'inscrire d'avance et participer à un tirage au sort.

Une nature patrimoniale

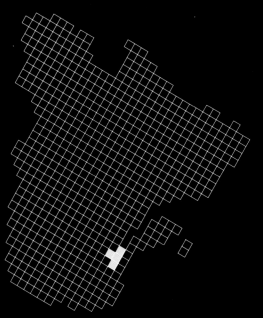

Charlevoix, c'est le pays des rencontres encore possibles, et d'abord celle de l'eau et de la montagne qui pousse de grands caps dans le fleuve démesuré. La région commence aux environs de Baie-Saint-Paul, à 98 km à l'est de Québec, et va jusqu'à l'estuaire du Saguenay, distillant un charme puissant auquel on succombe immédiatement. L'arrière-pays est fait de l'alternance des prairies et des bois, de petites vallées et de plateaux où nichent de vieux villages. La région ne fut vraiment peuplée qu'à la fin du XVIIe siècle. Venus pour la plupart de la côte de Beaupré, les colons s'établirent d'abord sur les franges littorales fertiles à proximité du Saint-Laurent.

Charlevoix, aux ressources agricoles et forestières insuffisantes, s'est résolument orienté vers le tourisme. Déjà, à la fin du siècle dernier, Pointe-au-Pic et La Malbaie étaient des lieux de villégiature cossus. Certes, l'artisanat y est bien développé. Mais la principale richesse de la région reste encore l'exceptionnelle beauté de ses paysages.

Charlevoix

CHARLEVOIX

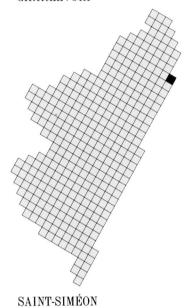

SAINT-SIMÉON

Port actif au temps de la navigation à voile, aujourd'hui escale animée du traversier de Rivière-du-Loup, Saint-Siméon vit une fois l'an au rythme des vagues argentées du caplan roulant vers ses rivages.
(A droite)

Port-au-Persil, havre minuscule lové sur une sorte de belvédère naturel face à l'immense plaine marine, semble surveiller les lointains. Après un dernier escarpement, la route entre dans Saint-Siméon, un beau village côtier situé à 186 km à l'est de Québec.

A cause du traversier de Rivière-du-Loup qui y fait escale plusieurs fois par jour, Saint-Siméon est une petite plaque tournante dans cette partie de Charlevoix. Beaucoup de gens circulent entre les deux rives du fleuve, particulièrement l'été, certains pour le seul plaisir d'une très brève croisière (à peine une heure et demie). Du débarcadère, une route cahoteuse chemine de val en crête pour rejoindre Bagotville et Chicoutimi.

Les environs immédiats abritent des ruisseaux et des lacs secrets où l'on peut pêcher la truite mouchetée et un peu de saumon. Chaque année, vers la mi-juillet, Saint-Siméon devient la capitale du caplan, lorsque ce petit poisson « roule » vers le rivage en lourdes vagues argentées. Assis sur les quais, à la lumière de lampes de poche, des dizaines d'estivants passent la soirée à pêcher. On sert communément du poisson dans les quelques restaurants et auberges de la région.

A l'époque de la navigation à voile, Saint-Siméon était un port actif. Les goélettes du Saint-Laurent transportaient jusqu'à Terre-Neuve des cargaisons de bois et des produits agricoles et manufacturés. Encore aujourd'hui, l'économie locale repose en partie sur l'exploitation forestière.

A quelques kilomètres de Saint-Siméon, deux centres écologiques attirent de nombreux visiteurs. Le premier, le centre d'interprétation de la nature Les Palissades, aménagé par le ministère québécois de l'Energie et des Ressources, comprend plusieurs sentiers de randonnée permettant de découvrir les particularités géologiques et la flore de la région. Le second, Port-au-Saumon, offre une très belle variété de milieux naturels tant aquatiques que terrestres.

Le caplan roulant en vagues

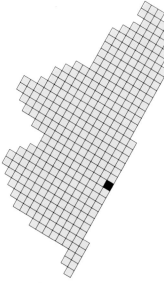

LES ÉBOULEMENTS

Un pays de plateaux boisés et de terres peu fertiles cultivées avec opiniâtreté. *(Ci-dessus)*

Datant du xixe siècle, le moulin Laterrière, annexe du manoir Sales-Laterrière. Qui pourra dire un jour pourquoi ces sites dégagent un charme si prenant ? *(A droite)*

A 122 km à l'est de Québec, on se trouve, aux Eboulements, au cœur traditionnel, sinon géographique, de Charlevoix.

C'est un pays de plateaux boisés coupés de gorges profondes et d'étroites vallées. Un peu plus au nord, vers Saint-Hilarion, se trouvent des « rangs » très anciens aux noms savoureux nés de la petite histoire locale : Pousse-Pioche, Chicago, Pissec, La Goudronnerie, etc. Toutefois, ces terres sont peu fertiles, bien que cultivées avec opiniâtreté depuis la fondation des premières paroisses. C'est ici qu'on découvre des bâtiments de ferme sans âge, d'un style devenu très rare.

Le vieux village des Eboulements attire irrésistiblement les peintres. Jadis, il était situé plus près de la falaise, mais deux puissants glissements de terrain, le dernier vers 1830, bouleversèrent sa physionomie. Du parvis de la très belle église reconstruite en 1932, qui surplombe le fleuve à plus de 360 m d'altitude, le point de vue est insurpassable.

Notre-Dame-de-l'Assomption, en bordure de la rue principale, fait partie des plus belles églises de la région. On y admirera la richesse de la décoration intérieure, notamment le travail de sculpture et d'ébénisterie. Une œuvre précieuse de François Baillargé, exécutée en 1775, fut miraculeusement sauvée lors de l'incendie du premier bâtiment.

Le manoir de Sales-Laterrière, propriété des frères du Sacré-Cœur, forme un bel ensemble avec son moulin banal et ses dépendances. Datant du xixe siècle, il est le second de l'ancienne seigneurie des Eboulements. Le premier se trouvait plus bas, à une époque où la bande de terre qui longe le fleuve était nettement plus large. L'autre moulin des Eboulements, vieux de 180 ans et perché au sommet d'une chute d'eau, fut acquis au début des années 60 par la société Héritage canadien du Québec.

La région tient son nom du père François-Xavier de Charlevoix, d'origine française, qui rédigea en 1744 une description de la Nouvelle-France.

Jadis plus près de la falaise

CHARLEVOIX

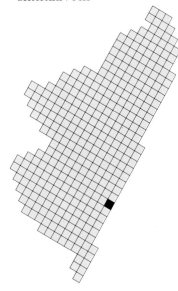

ÎLE AUX COUDRES

Des coudriers, il n'y en a pratiquement plus. A la place ont poussé tous les éléments essentiels justifiant la nouvelle vocation touristique de l'île. *(Ci-dessus)*

On partagea même les grèves entre les insulaires afin que chacun ait accès aux prairies marines où poussait le foin de mer. *(A droite)*

Il faut croire que les noisetiers — anciennement « coudriers » — étaient plus abondants autrefois qu'ils ne le sont aujourd'hui : c'est Jacques Cartier qui, en 1535, baptisa cette île où fut célébrée la première messe en Nouvelle-France. Une vieille croix de bois, fichée au pied de la falaise, en marque encore l'emplacement.

Les premières concessions de terres ne furent accordées à des colons de Baie-Saint-Paul qu'en 1728. Puis, on partagea les grèves elles-mêmes entre les insulaires de sorte que chacun eût accès aux « prairies marines » où poussait en quantité le « foin de mer » dont on nourrissait les animaux. Pendant longtemps, les habitants de l'île vécurent d'agriculture, de pêche et de l'exploitation de tourbières. Mais comme on était souvent marin de père en fils à l'île aux Coudres, on y construisait aussi des goélettes.

Il y a encore une vingtaine d'années, l'île aux Coudres était coupée de la terre ferme en hiver par les glaces qui dérivaient au gré des vents et des marées. Quelques passeurs étaient experts dans l'art difficile de manœuvrer leur embarcation dans les eaux glacées. Aujourd'hui, un bac moderne transporte en une quinzaine de minutes voitures et passagers, plusieurs fois par jour, du quai de Saint-Joseph-de-la-Rive.

L'île aux Coudres s'est découvert une nouvelle vocation grâce à l'essor du tourisme. Auberges et petits hôtels coquets s'y sont développés et la restauration locale a fait de louables efforts. L'artisanat, la pêche à fascine et au marsouin pratiquée principalement sur la côte sud ne manquent pas d'intéresser les visiteurs et les vacanciers.

Ce petit royaume marin est une halte grandiose et commode, dont il est facile de faire le tour aussi bien en auto qu'à bicyclette ou même à pied.

Halte au petit royaume marin

CHARLEVOIX

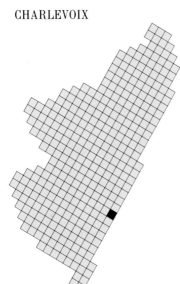

SAINT-JOSEPH-DE-LA-RIVE

Lignes, formes, couleurs et motifs s'intègrent dans un ensemble où même les contrastes se font subtils. Existe-t-il donc des harmoniques visuelles ? *(Ci-dessus)*

Au pied de la falaise et s'étirant le long du fleuve, Saint-Joseph-de-la-Rive. On l'appelait jadis Eboulements-en-Bas. *(A droite)*

Dans ce coin de pays où routes et villages surplombent constamment le fleuve, la côte tombe brutalement vers le rivage, forme des crans ou s'ouvre en de petits amphithéâtres autour des estuaires. Une côte abrupte mais praticable descend des Eboulements jusqu'au niveau du fleuve, au pied de la falaise, où le petit village de Saint-Joseph-de-la-Rive s'étire le long de la voie ferrée. De fait, on l'appelait jadis Eboulements-en-Bas, par opposition avec l'autre village, là-haut sur la falaise. Un peu plus loin, passé les auberges et les restaurants, un embranchement conduit au quai où s'amarre le traversier pour l'île aux Coudres.

Pendant de nombreuses décennies, les besoins des populations riveraines en approvisionnements de toutes sortes favorisèrent le développement du cabotage. De La Malbaie, on allait vers Québec et Trois-Rivières ; d'autres goélettes remontaient le Saguenay jusqu'à Chicoutimi ou sillonnaient le Saint-Laurent vers les ports de Gaspésie et même au-delà. Plusieurs villages de la région charlevoisienne eurent ainsi une véritable vocation maritime. On estime qu'entre 1860 et 1950 environ, quelque 265 goélettes furent lancées dans les chantiers locaux, dont près de 80 dans ceux de Saint-Joseph-de-la-Rive. Les charpentiers de ce village, qui étaient souvent d'habiles navigateurs aussi, conservèrent longtemps les vieilles techniques artisanales et entourèrent leur métier d'un certain mystère. Aujourd'hui, le village vit surtout du tourisme et de quelques activités de réparation et de construction de bateaux de pêche ou de plaisance.

L'écrivain Félix-Antoine Savard, qui vécut à Saint-Joseph-de-la-Rive de longues années jusqu'à sa mort, avait fondé en 1965 une petite entreprise, la papeterie Saint-Gilles, spécialisée dans la fabrication de papier de luxe fait main, filigrané et agrémenté de pétales de fleurs des champs, de feuilles d'érable et de fougères. La papeterie existe toujours et reste, avec l'ancienne église rénovée, l'un des principaux attraits de ce charmant village.

Vivre à fleur du fleuve

182

CHARLEVOIX

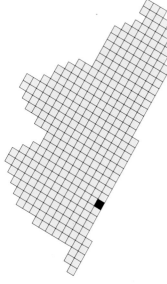

BAIE-SAINT-PAUL

L'une des plus coquettes
municipalités du Québec. C'est
ici que commence le pays de
Charlevoix. *(Ci-dessus)*

Bâtie le long de la rivière du
Gouffre, Baie-Saint-Paul a
toujours attiré peintres,
photographes et artisans. Le
mot clé est séduction. *(A droite)*

C'est ici que commence vraiment le pays de Charlevoix. Un relief fortement marqué s'élevant graduellement et dominant le fleuve jusqu'à Baie-Sainte-Catherine, à l'embouchure du Saguenay.

Baie-Saint-Paul, à 100 km à l'est de Québec, est bâtie le long de la rivière du Gouffre qui se jette dans le Saint-Laurent par un large estuaire tout peuplé d'oiseaux, où l'on peut observer le mouvement fascinant des marées. La masse sombre de l'île aux Coudres n'est qu'à 5 km. Cette baie naturelle est peu profonde, encaissée entre deux gros caps où passent les routes.

Baie-Saint-Paul, petite localité de 5 000 habitants à peine, a été maintes fois mentionnée comme étant l'une des plus coquettes municipalités de la province. Cela est sans doute dû à la belle ordonnance des rues, des résidences privées et des édifices tant publics que religieux.

Au cœur même de la localité, l'église, commencée en 1907, a été restaurée intérieurement après l'incendie de 1967. Le couvent des franciscaines de Marie, le presbytère avec son élégante tour centrale et l'hospice Sainte-Anne sont de beaux exemples d'architecture traditionnelle comme on en rencontre peu dans les régions à caractère rural.

Baie-Saint-Paul attire spontanément l'artiste. Rien d'étonnant à ce qu'elle soit devenue un foyer d'artisans, de photographes et surtout de peintres. De nombreuses toiles peintes à Baie-Saint-Paul et ailleurs dans Charlevoix au cours des cinquante dernières années figurent dans des musées et des collections privées partout au Canada. Clarence Gagnon a vécu dans cette ville ses dernières années ; les sœurs Bolduc habitent à deux pas de l'église, tout comme les peintres René Richard, Saint-Gilles et Bruno Côté, pour ne citer que quelques noms. Le centre d'Art régional, inauguré en 1979, contribue largement à la renommée de Baie-Saint-Paul.

On ne manquera pas de visiter aussi les quatre vieux moulins à farine restaurés avec soin et d'admirer les nombreuses maisons anciennes qui incarnent ici l'âme du pays de Charlevoix.

L'âme du pays de Charlevoix

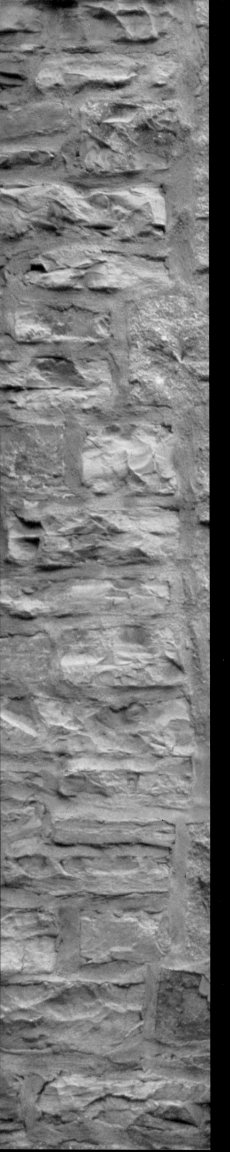

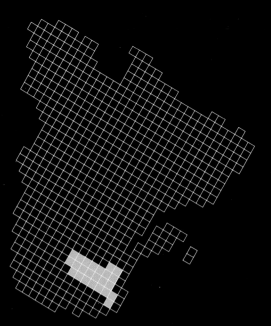

De Montréal à Québec et jusqu'à Sainte-Anne-de-Beaupré, la route qui épouse les méandres et les caprices du fleuve, de village en village, c'est l'ancien « Chemin du Roy ». Toutes les armées, toutes les entreprises d'exploration et de colonisation qui marquèrent l'histoire du Canada empruntèrent cette voie royale. Les vestiges du passé, on les rencontre à chaque tournant de la route : manoirs, très vieilles églises, magnifiques demeures en pierres des champs.

Au cœur du Québec, Trois-Rivières est l'étape traditionnelle depuis sa fondation, en 1634, ville industrielle chargée d'histoire, au confluent de la tumultueuse rivière Saint-Maurice.

A 115 km plus à l'est, passé de somptueux villages tels Batiscan, Deschambault et Portneuf, Québec, campé sur son formidable promontoire, reste la ville probablement la plus photographiée du Canada.

Québec,
Mauricie, Bois-Francs

QUÉBEC, MAURICIE,
BOIS-FRANCS

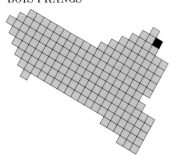

SAINT-FERRÉOL-LES-NEIGES

Saint-Ferréol-les-Neiges, voie
d'accès du magnifique parc du
Mont-Sainte-Anne. Tout a sans
doute commencé en 1693, par
une chasse au chevreuil qui fit
découvrir à un certain chanoine
Soumande ce territoire encore
inexploré de la côte de Beaupré.
(A droite)

Vieille paroisse agricole nichée au pied de la station de sports
d'hiver du mont Sainte-Anne, Saint-Ferréol est devenu depuis une
dizaine d'années un lieu de villégiature cossu, comme en témoignent ses nombreuses maisons anciennes joliment restaurées.
Situé sur la route 360, en bordure de la petite rivière Sainte-Anne,
Saint-Ferréol n'est qu'à 48 km à l'est de Québec.

Ce village, qui compte environ 1 700 habitants, est hautement
pittoresque, comme le sont d'ailleurs tous les villages de la côte de
Beaupré. Le territoire fut exploré pour la première fois, semble-t-il,
en 1693, par un certain chanoine Soumande, prêtre au Séminaire de
Québec, qui se livrait à la chasse au chevreuil, avec quelques amis,
dans les bois qui font aujourd'hui partie du parc du Mont-Sainte-
Anne. Saint-Ferréol est d'ailleurs l'une des deux principales voies
d'accès à ce grand parc public. Le chanoine vanta beaucoup la
région auprès de son évêque, mais la colonisation ne débuta
vraiment qu'à partir de 1728 et les premiers habitants venaient
surtout de l'île d'Orléans.

Mais d'où la paroisse tient-elle son nom si évocateur ? Peut-être
de celui d'un supérieur du Séminaire de Québec qui possédait jadis
la seigneurie de Beaupré. Il est possible également que ce soit un
rappel de Saint-Ferréol, une commune montagnarde de Haute-
Garonne, dans le sud de la France. L'église actuelle date de 1842
et a été construite à l'emplacement de la première chapelle.

Dans les environs immédiats, on peut visiter la station piscicole
d'Aulnaies-sous-Bois, le laboratoire fédéral de sismologie, et aller
admirer le panorama grandiose des chutes de la rivière des Roches.
Mais Saint-Ferréol est principalement fréquenté à cause de la
proximité du parc du Mont-Sainte-Anne et du centre de ski du
même nom. Le parc dispose de pistes cyclables et de terrains de
camping. On peut faire de l'ascension en montagne en utilisant la
télécabine qui grimpe à plus de 800 m. C'est l'un des principaux
centres de ski alpin du Québec et le réseau de sentiers de raquette
et de ski de randonnée dépasse 175 km.

Tout pour les loisirs

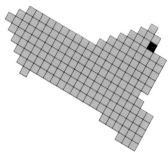

CAP-TOURMENTE

Un cadre de porte sans porte, une cheminée sans âtre, le ciel pour plafond et deux fenêtres vides fixant douloureusement un intérieur inexistant. Où sont-ils donc tous partis ? *(Ci-dessus)*

C'est ici que près de 200 000 oies blanches viennent en octobre chaque année envahir les vasières et les longues battures de Cap-Tourmente. *(A droite)*

Créée en 1969, la réserve naturelle nationale de Cap-Tourmente a pour principal but de protéger l'habitat naturel de la grande oie blanche. Au début du siècle, on évaluait la population de ces oiseaux à moins de 5 000. Aujourd'hui, on en dénombre environ 200 000. C'est dire combien les mesures de protection de leurs territoires sont efficaces.

Au printemps et à l'automne, les oies arrivent par milliers, envahissant bruyamment les champs et les pâturages des fermes environnantes avant de se fixer sur les longues battures et les vasières de la réserve. C'est toujours en octobre qu'elles sont le plus nombreuses, après avoir niché tout l'été dans les îles de l'Arctique.

Observer les oiseaux de Cap-Tourmente mène à d'étonnantes découvertes. En effet, près de 250 espèces, en plus de la grande oie blanche, y sont couramment représentées. Il est toujours intéressant d'observer l'arrivée des diverses variétés de canards, la migration des fauvettes à la mi-mai ou celle des rapaces en octobre.

La réserve, à proximité du village de Saint-Joachim, environ à 45 km à l'est de Québec, est située sur le territoire de ce qui fut jadis une vaste seigneurie concédée au Petit Séminaire de Québec. Un bâtiment historique, la Petite Ferme, abrite les services administratifs et la Maison de la chasse. L'un des sentiers de randonnée conduit au sommet d'une falaise d'où l'on découvre l'immensité du fleuve Saint-Laurent, l'île d'Orléans et la rive sud.

La recherche scientifique ainsi que l'aménagement du territoire se font sous la direction de biologistes du Service canadien de la faune. Soigneusement entretenu et protégé, ce territoire attire aussi la sauvagine, les hérons, les carouges, les hirondelles et les sarcelles qui, chaque année aux mêmes dates, retournent fidèlement à Cap-Tourmente.

Des oiseaux par milliers

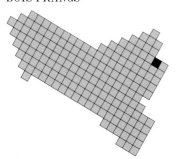

CHUTE MONTMORENCY

Féerie d'hiver : le « pain de sucre », formé principalement de fines gouttes projetées en l'air et pétrifiées par le froid. *(Ci-dessus)*

Plus haut que les chutes du Niagara ! Une énorme masse d'eau tombant à pic d'une hauteur de 83 m. *(A droite)*

L'une des plus grandes attractions naturelles des environs de la Vieille Capitale, la chute Montmorency se situe à Boischatel, à 16 km à l'est de Québec. En été, elle est probablement aussi souvent photographiée que le Château Frontenac ou la place Royale. C'est Samuel de Champlain qui, en 1603, nomma cette chute en l'honneur de Charles de Montmorency, vice-roi de la Nouvelle-France.

La rivière Montmorency, qui serpente parmi de riches terres agricoles, en amont de la chute, prend sa source assez loin dans l'arrière-pays, presque aux limites sud de la réserve faunique des Laurentides. Parvenue au bord de la falaise, l'énorme masse d'eau tombe à pic d'une hauteur de 83 m. Plus haut que les chutes du Niagara ! dit-on avec fierté dans la région. Sa largeur maximale est d'environ 80 m. Cette chute est le résultat de bouleversements géologiques qui se sont produits il y a des millions d'années et aussi de l'érosion et de la dégradation lente des sols bordant le Saint-Laurent à cet endroit.

Magnifiques durant l'été, la chute et ses abords immédiats deviennent féeriques en plein hiver, l'éclairage aidant. Les fines gouttes projetées en l'air se cristallisent en retombant, ce qui forme une sorte de cône géant que les habitants de la région nomment « pain de sucre ». Certains hivers, ce cône peut atteindre une vingtaine de mètres de haut. Les enfants vont y faire de la luge lorsqu'il est recouvert de neige durcie.

Il y a fort longtemps que ce lieu champêtre est recherché pour sa beauté naturelle. Les anciennes et très belles résidences de l'avenue Royale, à Montmorency, et le manoir Montmorency luimême, qui logea le père de la reine Victoria, vers la fin du XVIIIe siècle, en témoignent abondamment. Ce domaine, acquis par les pères dominicains puis par le gouvernement du Québec en 1975, est maintenant accessible à tous. Un magnifique parc routier à deux niveaux, comprenant des sentiers ombragés, deux belvédères d'observation et des tables à pique-nique, a été aménagé dans la partie basse et dans la partie haute du parc.

Une féerie toute saison

QUÉBEC, MAURICIE,
BOIS-FRANCS

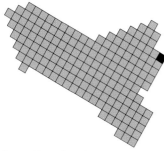

ÎLE D'ORLÉANS

Une atmosphère hors du temps, une île qui a préservé sa valeur de témoignage vivant. *(Ci-dessus)*

Une fillette, un animal familier et des fruits gorgés de soleil : une façon de dire qu'à l'île d'Orléans, sur un sol fertile cultivé avec amour, l'histoire est un perpétuel début ? *(A droite)*

Sainte-Pétronille, un des six villages de l'île d'Orléans. Un paysage essentiellement agricole. *(Pages 194–195)*

L'île d'Orléans, devenue « arrondissement historique » depuis plusieurs années déjà, est en quelque sorte un faubourg de Québec. On ne visite pas la Vieille Capitale sans faire un saut dans l'île qui, avec son atmosphère quelque peu hors du temps, conserve un caractère de symbole : symbole du courage, de la ténacité des lointains ancêtres qui vinrent s'établir ici et sur la côte de Beaupré.

L'île, au sol fertile et cultivé avec amour, s'étend sur une trentaine de kilomètres. Sa côte nord, la plus élevée, atteint par endroits la hauteur de véritables falaises. Tout au long du chenal du Nord, de larges battures abritent quantité d'oiseaux migrateurs. La route de ceinture, toujours à proximité du fleuve, traverse des bois, longe les prairies et les terres cultivées et relie les six villages dont le plus ancien, Saint-Laurent, s'étire joliment sur plus de 10 km. C'est près de ce village qu'on découvre le mieux le système de subdivision des terres propre à l'île d'Orléans. Chaque ferme constitue le début d'une exploitation agricole qui s'allonge pratiquement de la rive jusqu'au milieu de l'île, délimitant du même coup les « terres du Nord » et les « terres du Sud ». A la sortie du village de Saint-Jean, la route grimpe sur le plateau central. Le paysage, essentiellement agricole, s'ouvre largement sur le fleuve. C'est probablement l'un des plus beaux points de vue de l'île.

Si chaque paroisse semble posséder son caractère propre, il se dégage quand même de l'ensemble une profonde unité architecturale. Seuls les marins, les navigateurs de Saint-Jean construisirent de petites résidences aux façades de brique dont le style s'éloigne de celui des maisons du milieu rural.

Bien qu'elle soit sortie de son superbe isolement, en 1935, avec la construction du pont qui la relie à la rive nord du Saint-Laurent, l'île semble garder ses distances comme pour mieux préserver sa valeur de témoignage.

Témoin vivant de ténacité

QUÉBEC, MAURICIE,
BOIS-FRANCS

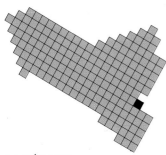

LA PÉRADE

Pour la pêche au poulamon, un village provisoire de cabanons pourvus d'électricité s'installe sur la glace recouvrant l'estuaire de la rivière Sainte-Anne. *(A droite)*

La Pérade est un curieux petit village qui doit sa renommée à la pêche sur la glace, comme d'autres sont connus pour la chasse automnale ou les sports d'été. De fait, chaque année, vers la fin du mois de décembre, le poulamon ou « petite morue » remonte en bancs le Saint-Laurent pour aller frayer à l'embouchure de certaines rivières peu profondes : la Jacques-Cartier, la Portneuf, la Sainte-Anne et la Batiscan, entre autres. Ce petit poisson, appelé aussi « poisson des chenaux », recherche des eaux calmes et bien aérées et le lit sablonneux des cours d'eau.

Sitôt que la glace est suffisamment épaisse et résistante, un village provisoire de plusieurs centaines de cabanes s'installe dans l'estuaire de la rivière Sainte-Anne, de part et d'autre du vieux pont de chemin de fer. La Pérade prend alors des airs de fête.

Les cabanes à pêche sont pourvues d'éclairage électrique et d'appareils de chauffage. Des haut-parleurs déversent sur ce décor irréel des airs à la mode et les gens circulent tard dans la nuit. La pêche au poulamon, qui n'en est pas une à proprement parler, est surtout un prétexte à se distraire entre amis. Ceux qui n'attrapent rien peuvent toujours acheter du poulamon et de l'esturgeon congelés des pêcheurs professionnels de l'endroit... Au demeurant, plusieurs restaurants, près de la belle église de pierre dans la rue principale du village, servent la petite morue apprêtée de différentes façons.

La Pérade est située à 38 km à l'est de Trois-Rivières, sur la route 138, l'ancien « Chemin du Roy » bordé d'arbres centenaires et de belles fermes et qui suit de très près les méandres du fleuve. Le village fut fondé en 1693 sous le nom de Sainte-Anne. En 1706, Pierre-Thomas de Lanaudière, seigneur de La Pérade, épousa Marie-Madeleine de Verchères, la jeune héroïne du village du même nom. Décédée en 1747, Madame de Lanaudière fut enterrée sous le banc seigneurial dans l'église d'alors, détruite plus tard par un incendie. Près de l'église actuelle, on peut voir de magnifiques maisons datant des XVIIe et XVIIIe siècles, ainsi qu'une partie de l'ancien manoir de De Lanaudière.

Un air de fête sur la glace

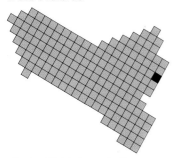

PLAINES D'ABRAHAM

Le Saint-Laurent au virage
historique. *(Ci-dessus)*

Débordant du cadre du parc
national des Champs-de-
Bataille, la forme étoilée
rigoureusement géométrique
des remparts. Au fond, le
Château Frontenac et, plus loin,
le bassin Louise. *(A droite)*

C'est l'endroit le plus connu et probablement le plus fréquenté de la Vieille Capitale, un peu comme Hyde Park à Londres ou le bois de Boulogne à Paris. Débordant le cadre du parc national des Champs-de-Bataille, les Plaines d'Abraham descendent de façon abrupte vers la route bordant le Saint-Laurent et rejoignent à l'est le Manège militaire, les ouvrages et les espaces verts de la Citadelle. Ce vaste terrain couvrant près de 95 ha, partiellement boisé, fut le théâtre de cette fameuse bataille au matin du 13 septembre 1759, qui changea le cours de l'histoire du Canada et durant laquelle Wolfe et Montcalm trouvèrent la mort.

Les Plaines d'Abraham, ce sont en fait plusieurs petits parcs en un seul, des allées ombragées, des pelouses et des massifs de fleurs, quelques belvédères d'où l'on peut contempler une vaste région. Ce sont aussi dix-huit plaques de bronze coulé, la plupart reliées à de brefs épisodes de la bataille et à des personnages y ayant pris part. Deux d'entre elles indiquent l'endroit exact où tombèrent les commandants ennemis. On trouve encore dans ce parc splendide, inauguré en 1908, cinq monuments commémoratifs : le puits de Wolfe, la fontaine de la Confédération, le kiosque et la promenade des Gouverneurs longeant le cap Diamant, et un monument à sainte Jeanne d'Arc.

A l'époque de la conquête, les plaines historiques n'étaient qu'un vaste pacage ayant appartenu à un chirurgien dieppois. Leur nom viendrait d'Abraham Martin — dit « l'Ecossais » parce que son père avait été un fervent partisan de Marie Stuart —, pilote du roi, mort à Québec en 1664. Abraham menait paître ses vaches à cet endroit dont il était devenu propriétaire. A sa mort, son domaine fut vendu aux ursulines qui, beaucoup plus tard, le cédèrent au gouvernement canadien.

Aujourd'hui, on vient y faire du jogging, prendre l'air, pique-niquer ou simplement se délasser un moment en regardant couler le fleuve. On vient y faire encore la promenade dominicale avec les enfants, du ski de fond ou de la raquette en hiver.

Au virage de l'histoire

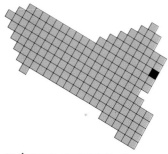

CHÂTEAU FRONTENAC

La silhouette familière du
Château Frontenac perçant à
travers l'éclosion du printemps.
(Ci-dessus)

La maison Chevalier, à l'avant-
plan, à l'ombre du Château
Frontenac. A l'emplacement de
cet hôtel, symbole de Québec,
s'élevait jadis le fort de Québec.
(A droite)

Le Château Frontenac, haut perché sur le cap Diamant, c'est un peu comme l'Arc de Triomphe à Paris ou l'Empire State Building à New York. La ville y est très fortement identifiée. La petite place d'Armes voisine, le monument à Samuel de Champlain, la terrasse Dufferin longeant la falaise à pic et les calèches attendant le promeneur, toutes ces images de Québec sont aussi associées au Château Frontenac qui reçoit chaque année des dizaines de milliers d'étrangers et de Canadiens des autres provinces.

Premier de quatre hôtels appartenant à la société ferroviaire Canadien Pacifique, le Château Frontenac fut officiellement inauguré en décembre 1893. Il n'avait cependant pas sa forme actuelle, plusieurs ailes et la tour principale ayant été ajoutées jusqu'en 1924. A cet endroit s'élevait jadis le fort de Québec, une dépendance du Château Saint-Louis situé un peu plus à l'est et qui servait alors de résidence aux gouverneurs de la Nouvelle-France.

En 1834, le Château Saint-Louis se trouva détruit par un incendie et le Château Haldimand, construit cinquante ans plus tôt, devint la résidence officielle des gouverneurs. Quatre ans plus tard, lord Durham faisait aménager la fameuse terrasse de bois qui surplombe le fleuve, mais ce fut finalement son successeur qui lui donna ses dimensions actuelles. Cette terrasse n'a pas seulement vu passer des générations d'amoureux mais aussi toute la bonne société québécoise et une foule de personnages de marque canadiens et étrangers. Elle est aussi inséparable du Château Frontenac que le Château même l'est de Québec.

Avec sa silhouette impressionnante et si caractéristique, le Château Frontenac est en fait un symbole, une légende, le meilleur « ambassadeur » de la ville de Québec. Son style architectural comme son aménagement intérieur sont particuliers aux hôtels du Canadien Pacifique construits au cours des cent dernières années et empreints, à l'origine, d'un luxe austère très victorien. Il est vrai que l'intérieur du Château, qui vit défiler les personnages les plus illustres — dont Winston Churchill, Roosevelt et Charles de Gaulle —, a été entièrement redécoré et modernisé récemment.

Symbole sur cap Diamant

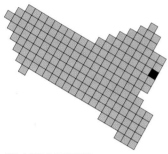

PLACE ROYALE

Fenêtre sur la place Royale.
Et nous vieillirons ensemble...
(Ci-dessus)

Notre-Dame-des-Victoires, place
Royale. Un des coins les plus
animés de la Vieille Capitale.
L'église a été fondée en 1688.
(A droite)

Située dans la plus ancienne partie du quartier portuaire du Vieux Québec, à deux pas du quai d'embarquement du traversier de Lévis, du Séminaire de Québec et du Château Frontenac, la place Royale dégage un charme unique. Ce mini-quartier historique est devenu la propriété du gouvernement du Québec qui, depuis 1970, y a fait restaurer un bon nombre de maisons selon le style d'architecture traditionnelle de la fin du XVIIIe siècle.

Une intense activité régnait place Royale dès les premières années de la colonie. En raison de son emplacement privilégié, ce quartier devint très tôt un centre vital. Alors que la partie haute de la ville émergeait comme capitale religieuse et administrative, les marchands et les artisans trouvaient pratique de s'établir près du port devenu l'un des pivots du commerce maritime entre la Nouvelle-France, les Antilles et la mère patrie. En fait, la conquête anglaise de 1759 ne fit que confirmer l'importance commerciale de la place Royale et de la basse ville en général.

C'est à partir de 1880 environ que la place Royale se transforme en centre d'affaires : banques, compagnies d'assurances, cabinets d'avocats et études de notaires s'y regroupent en même temps que se détériore le milieu résidentiel. La population se déplace le long de la rivière Saint-Charles, vers le faubourg Saint-Jean-Baptiste, les quartiers Saint-Roch et Saint-Sauveur.

Aujourd'hui, la restauration se poursuit. Les plus belles constructions sont probablement celles qui entourent l'église Notre-Dame-des-Victoires, dont la fondation remonte à 1688. Bien que l'un des lieux les plus animés et les plus fréquentés de la Vieille Capitale, l'endroit n'est cependant pas un musée.

La place Royale revient à la vie : la plupart des édifices restaurés abritent à présent des logements, des boutiques, des ateliers d'artistes et des restaurants. Le ministère des Affaires culturelles a choisi de donner à certaines maisons une vocation particulière et de les rendre accessibles au public. Un centre d'accueil et d'information, établi dans la maison Soumandre, est le point de départ de visites commentées par des guides.

Ce charme unique de jadis

#
Index

SOURCES DES PHOTOGRAPHIES

Mia et Klaus : toutes les photographies,
à l'exception de celles illustrant les pages suivantes :
34–35, Maxime St-Amour
38–43, Maxime St-Amour
48, © Michel Gascon/Réflexion
74, Le Centre d'Arts d'Orford JMC
86, Val Mitrofanow
87, Pierre Léveillé
88, Val Mitrofanow
89, Pierre Léveillé
93, Val Mitrofanow
120, Tourisme De Lanaudière
121, Direction générale du Tourisme-Québec
124, Pierre Gaudard
125–131, Centre de documentation, Société d'aménagement de l'Outaouais
134–135, Jacques Lavigne
160, Marc Ellefsen
161, © Anne Gardon/Réflexion
170, Québec, M.L.C.P./Pierre Pouliot
178, Pierre Gaudard
180, Direction générale du Tourisme-Québec
182, Direction générale du Tourisme-Québec

Composition : Centre de traitement typographique de Sélection du Reader's Digest
Photolithographie et impression : Herzig Somerville Limited
Reliure : Imprimerie Coopérative Harpell
Matériel de reliure : Narragansett Coated Paper Corp.
Papier : Hallein Papier AG